子どもの「最高」を
引き出すルール

中学受験の親たちへ

おおたとしまさ
気鋭の教育ジャーナリスト

安浪京子
中学受験カウンセラー
算数教育家
超人気プロ家庭教師

大和書房

はじめに——親は、中学受験とどう向き合うのが「正解」か

おおたとしまさ

中学受験の結果が子どもの人生を決めるかのような集団幻想がまかり通り、親たちは強迫観念にとらわれ、まゆつばな情報に振り回されやすくなっています。「あれがいい」と聞けばあれを試し、「こうしたほうがいい」と言われればこうしてみる。まるでイソップ物語の「ロバを売りに行く親子」です。

「これからは正解のない世の中。自分の頭で考えられる子を育てなければいけない」と言われているのに、親が自分の頭で考えようとせず、いわゆる中学受験マニュアルに頼っているようでは本末転倒です。

私も含め、いまの親世代は、デートから就職活動までのありとあらゆるマニュアル本が流行した時代に多感な時期を過ごした「マニュアル世代」ですから、気持ちはわからなくもないのですが、マニュアル通りにしか物事を決められない親の背中を見て育った子と、失敗しながらも自分の頭で考えて物事を決める親の背中を見て育った子と、どちらがこれ

からの時代にたくましく生きていけそうかは、火を見るより明らかでしょう。仮に前者のほうが偏差値的には〝いい学校〟の合格を勝ち取ったとしても。

と、まあ、そんなことをいろいろなところで申し上げているのですが、いかんせん私はカリスマ塾講師でもなければ教育学の権威でもありません。「子どもたちのために大人たちができることは何か」をテーマに、さまざまな教育の現場を見てまわる、しがない物書きです。そんな私が精神論を連呼しても、具体性に欠けるきれいごとに聞こえてしまう。

しかし今回は、強力なタッグパートナーと本書を著すことになりました。中学受験専門のプロ家庭教師として、日々直接的に子どもたちの指導に当たっており、「きょうこ先生」の愛称で数々のメディアにも登場する安浪京子さんです。

二人で協力して、いま中学受験についてまことしやかに広まっている「マニュアル的常識」を検証します。きょうこ先生は徹底的に現場の視点で、私は一歩引いたところから。ちょうど「虫の目」と「鳥の目」のような役割分担です。

情報の洪水の中で、かといってマニュアルを鵜呑みにするのではなく、それぞれのご家庭にとって最適な中学受験との向き合い方を見つけるためのできるだけシンプルな考え方を提示できたらと思います。中学受験の算数にたとえるならば、公式に当てはめて解くのではなく、原理原則を理解して自らの思考力で正解にたどり着く方法を伝えたいということとです。きょうこ先生が中学受験生を指導するときのスタンスと同じです。

第1章では、そもそも何のために中学受験をするのかという問いに向き合います。第2章では、中学受験勉強の「やらせ方」にまつわる誤解を解いていきます。第3章では、中学受験塾との付き合い方の注意点を提示します。第4章では、どこの学校に行くかで人生なんて決まらないという、にべもない話をします。第5章では、中学受験における親の役割について再定義したいと思います。

それぞれの章を二人で手分けして書きましたが、各章末に二人の対談があります。そこで、「虫の目」に対して「鳥の目」から見たツッコミを、「鳥の目」に対して「虫の目」から見たツッコミを入れています。二人の考えが微妙に食い違っている部分もあります。「どっちが正しいの!?」と戸惑ってしまうかもしれませんが、そここそがこの本のチャームポイントだと私は感じています。

本書を読み終えたみなさんに「結局自分で考えるしかないんだな（でもそのためのヒントがここにある）」という確信をもってもらえたとしたら、著者として幸甚です。それでこそ自分の頭で考える中学受験生が育つ環境が整うからです。

きょうこ先生も同じ気持ちであるはずです。

中学受験の親たちへ●目次

おおたとしまさ×安浪京子　対談1

第2章

「フェイク学力」にご用心
――「本当の学力」を上げる勉強法

第3章

塾業界の「マッチポンプ」構造

——塾を使い倒す新常識

第4章 学校は子どもを伸ばさない ——志望校選びの玄人的着眼点

第5章
中学受験は親の受験じゃありません
――親子の信頼関係の育て方

第 1 章

学歴がほしいだけなら中学受験はやめなさい

なぜ中学受験をするのか

なぜ、子どもに中学受験をさせたいのでしょうか。

「中学受験をさせることの本当の価値」

とは何でしょうか。


大学受験に有利だから？

高校受験を避けるため？

最先端の教育に触れられるから？

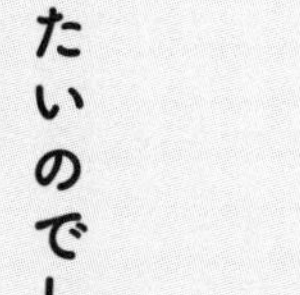

ちまたで語られる
「中学受験のメリット・デメリット」は、
わが子に当てはまるとは限りません。

中学受験をとりまく状況も
年々刻々と変わっています。

本章では、わが子に合った中学受験をするために、
あるいは、中学受験以外の道を選ぶために、
最新のデータとその解説をお届けします。

迷信1

受験者数が増えたため中学受験が過熱している

おおたとしまさ

「少子化にもかかわらず、中学受験者数は増えている。競争が激化し、教育虐待などが起こる原因になっている」。そんな報道がされることがあります。

たしかに中学受験者数はこの数年増加傾向にあります。そしてたしかに一部で中学受験が過熱、いや過激になっているのは事実です。でも、少なくとも首都圏においてこの10年くらいは中学受験全入（全員入学）時代だったのです。総募集人数が総受験者数をずっと上回っていました。つまり、そんなに必死にならなくても、どこかには合格できるはずなのです。

中学受験の過激化の原因を、受験者数の増加で説明するのは間違いです。原因をすり替えてしまうと、過激化する中学受験によって子どもが潰れてしまう悲劇を防止することはできません。大手メディアのフェイクニュースにだまされないでください。あらためて状況を俯瞰《ふかん》してみましょう。

2020年、首都圏の小学6年生のうち私立・国立・公立の中学を受験する児童の数が年間どれくらいだったか知っていますか？

首都圏模試センターの推計によれば、4万9400人です。2014年から6年連続で増加しています。

でも2007年には5万500人、2008年は4万9000人でした。そこから2014年まで毎年中学受験者数が減り続け、2020年にようやく2008年レベルまで回復しただけです。

ところで、この数字の推移を見て、どんな要因で中学受験者数が増えたり減ったりするのかがわかりましたか？　そうです。景気です。2008年のリーマンショックをきっかけに、中学受験者数は減少していたのです。いったんは落ち込んだ株価が上昇するにつれて、中学受験者数も増加し始めました。

ただし、男女別に分けると、見える風景がちがいます。2019年の総合格率は100・1パーセントで需給がほぼ釣り合った状態でしたが、女子の総合格率が111・3パーセントだったのに対し、男子の総合格率は89・7パーセントだったのです。少なくとも手元の資料によれば、2018年以前、女子の総合格率は120パーセントを超えています。でも、男子の総合格率は一度も100パーセントを超えていません。2020年の**男子総合格率は86・3パーセント、約7人に1人はどこにも合格できない**という非常に厳しいものでした。男子の親御さんはこのことを肝に銘じ、志望校選びでは慎重を期すべきです。

一方、この原稿を執筆している現在、新型コロナウイルスによって世界は同時多発鎖国状態にあります。世界経済へのダメージはリーマンショックの比ではないでしょう。となると、**おそらく2020年以降、ふたたび中学受験者数は減少します**。またしばらく全入時代が続くはずです。

ではなぜ中学受験が過激化しているのか。一部の最難関校を目指す親子の間での競争が激化しているからです。たとえば男女御三家と呼ばれる最難関校の募集人数は合計で1340人。全体を見ればほぼ全入時代なのに、1340脚の椅子とりゲームに参加する親子の気合いが異常な熱を帯びているのです。特に親。中学受験が親の受験であると喧伝されすぎたからだと僕は分析しています。

本来ならやらなくていいことを間引いてやるのが親の役割であるはずが、フォアグラをつくるためガチョウに無理やり大量のエサを飲み込ませるのと同じように、あの手この手で子どもの限界まで勉強をやらせる「チキンレース」に闘志を燃やす親がいます。トップ校に合格できなかったらその時点でわが子の人生が終わってしまうかのような妄想にとりつかれているのでしょう。

その結果、近年、最難関校の先生たちは口をそろえて嘆いています。「最近の新入生は、与えられることに慣れすぎていて、自分から勉強する姿勢ができていない。過干渉な親も増えていて、子離れができていない……」。これでは子どもも学校も不幸です。

首都圏には約300の私立中高一貫校がありますが、それぞれに個性的です。数々の学校を取材してまわっている立場から言わせてもらえば、時代の荒波を乗り越えてきた私立の学校は、偏差値に関係なくどこも恵まれた環境です。**入試の難易度を示す偏差値が10や20ちがったって、生徒たちが発する輝きは変わりませんし、どんな学校にもすばらしい先生がいます。**

たかだか中学受験で人生が決まるはずがありません。「座れる椅子に座ればいい」くらいの気持ちで中学受験をとらえ直す必要があるのではないでしょうか。

Point

- 中学受験者数は実はそれほど増えていない。いわゆる全入時代が続いていた。
- 男女の合格率に大きな差がある。男子は1つも合格がもらえない可能性がある。
- 偏差値に関係なく、ほとんどの私立中高一貫校は恵まれた教育環境である。

迷信2

中高一貫校の先取り教育は大学受験に有利

おおたとしまさ

中高一貫校の大学進学実績がいい理由は、中学生のうちに高校の範囲まで踏み込んで学んでしまういわゆる「先取り教育」にあるといわれることがよくあります。でもそれは、半分正しくて、半分間違っています。

たいへん興味深いデータがあります。10校ある都立中高一貫校のうち「併設型」と呼ばれる5校は中学からも高校からも生徒を募集していますが、東京都教育委員会の都立中高一貫教育校検証委員会の報告によると、都立中高一貫校における中学からの入学者（内進生）と高校からの入学者（外進生）の進学実績を比べると、内進生のほうが圧倒的に良かったことがわかっているのです。

併設型の中高一貫校では、内進生であっても極端な先取り教育は行えません。外進生との足並みをそろえなければいけないからです。それでも難関国立大学等（東大・一橋・東工大・京大・国公立大学医学部）の合格率を計算すると、内進生は7・6パーセント、外進生は0・8パーセントと大きな開きがありました。ちなみに日比谷・西・国立など都立進学指導重点校7校の難関国立大学等合格率が8・1パーセントですから、**併設型中高一貫校の内進生は、躍進目覚ましい都立進学指導重点校とも互角の進学実績を出しているこ**とがわかります。

この内進生と外進生の進学実績のちがいは、そもそも入学時の学力層がちがうことが一番大きな原因だと僕は分析していますが、報告書はさらに興味深い事実を紹介しています。ちがいは学業だけではないのです。

各種大会・コンクールの実績においても、文化・スポーツの両面で内進生の実績が高く、「内進生については、高校受験のないゆとりを生かして、趣味や部活動など、自分の興味や関心があることに取り組めていることが結果に結びついているものと考えられる」とまとめているのです。

思春期と呼ばれる多感な時期に高校受験がないことで、学業だけでなく、それぞれの個性を引き出すという恩恵が受けられることが証明された形です。

実際、欧米の先進国で日本の高校受験のようなものは行っていません。映画のハリー・ポッターが通うホグワーツという学校を思い出してみてください。中学と高校に分かれていません。日本のように、15歳が一斉に高校受験に取り組み偏差値で輪切りにされるのは、中国・韓国など東アジアに独特の教育文化なのです。

話を戻しましょう。中高一貫校の進学実績がいいのは「先取り教育」のおかげであるという言説は、半分正しくて、半分間違っているという話です。

たしかに私立の中高一貫校では、生徒たちの学力レベルに合わせて授業を進めることで結果的に先取り教育に見える教育を行ってはいます。高校受験対策に時間を取られることもないため、たいがいの私立中高一貫校では高2までに高校までの履修範囲を終え、高3の1年間を大学受験対策に丸々あてることができます。これが大学受験に有利でないはずはありません。その意味で、先ほどの言説の半分は正しい。でもそれだけでは説明として不十分です。

まず、入学してくる生徒の学力的な器の大きさがちがうのは否めません。先述の都立中高一貫校でも、中学から入るのと高校から入るのとでは実は学力層がちがいます。

さらに、東京都の報告書にあるように、高校受験がないという時間的・精神的ゆとりが学力向上にも寄与していると考えられます。特に暗記だけでは対抗できない難関大学入試を突破するような高い学力を身につけるうえでは、実際の受験勉強以前に学力的な土台あるいは器のようなものをどれだけ広げておくかがものをいいます。

その点、高校受験がない中高一貫校の生徒は、中学生のうちに目先のテストの1点2点

にとらわれない学習に時間を費やすことができます。理科であればたくさんの実験を行い、社会であればフィールドワークやディスカッションに時間を割くことができ、英語であればささいなスペルミスよりも実際に会話を楽しむことにエネルギーを注げます。

それが、最終的に受験勉強に打ち込むときに覚えなければいけない膨大な知識を結びつける土台になるのです。まず器を大きくしておいて、最後に細かなコンテンツを正確に詰め込んでいくイメージです。

中学入試によってもともとのポテンシャルが高い子をフィルタリングしているうえに、中学生のうちに学力の器を目一杯広げておけるので、最後の1年で大学受験突破のために必要なコンテンツを比較的無理なく格納できるのです。

Point

- 東京都の調査によれば、中高一貫校生は学業以外でも高い成果を残している。
- 私立中高一貫校は入口の時点でポテンシャルの高い子をフィルタリングしている。
- 中学生のうちに経験する目先の点数にとらわれない学習が大学受験にも有利に働く。

迷信3

中学受験をするのは〝いい大学〟に入るため

おおたとしまさ

高校別東大合格者数ランキングを見ると、上位は私立・国立中高一貫校で占められています。それであたかも、そのような学校に入れれば東大を始めとする最難関大学に入りやすいのではないかと、世間一般に思われています。でも、それ、幻想です。「中学受験をするのは〝いい大学〟に行くため」と言う人は、中学受験文化を知らない人だと思って間違いありません。

端的に言います。〝いい大学〟に行くことを目的にするならば、もっとも効率のいい選択は、中学にも高校にも行かないことです。

学校に行かない代わりに、小学校を卒業した春休みからすぐに東大・医学部受験専門塾に通い、そこで与えられる勉強を6年間徹底的にやりこめば、かなりの確率で東大や医学部などのいわゆる最難関大学に合格できるでしょう。塾に通って家でその宿題をやるだけの生活に6年間耐えられればですけれど。

そう考えると、大学進学実績で学校を選ぶことがいかにナンセンスかがわかるのではないでしょうか。

たしかに東大にバンバン入るような学校に通っていれば、東大を身近なものに感じられるという意味で東大に行ける可能性は高まるかもしれませんが、では、ランキング上位の学校が東大合格のための授業を行っているかというと、むしろまったくそんなことはないんです。開成にせよ筑駒（筑波大学附属駒場中学校）にせよ桜蔭にせよ灘にせよ、大学受験に特化したカリキュラムではありません。

ではなぜそのような学校から毎年たくさんの最難関大学合格者が出るのか。にべもないことを言うならば、12歳の時点で学業優秀な生徒を集めることに成功しているからです。

そのことを裏付ける言葉があります。**「7年現象」**という言葉です。ある学校が東大にたくさんの合格者を出すと、その翌年の中学入試では「わが子を東大に入れたい」と思うご家庭の子どもたちがその学校に殺到し、倍率が高まり、入試難易度を表す偏差値が上昇し、実際に優秀な生徒たちが入学し、彼らが卒業する6年後の東大合格者数が増え、またその翌年の中学入試での偏差値が上昇する傾向が見られるのです。やっている教育は変わらないのに、です。

そのことから逆にいえば、仮に中学受験の結果、**紙一重で最難関中学に合格できなくて**

も、もともと東大合格のポテンシャルのある子どもなら、どんな学校に通うことになろうとその環境を存分にいかせれば、6年後には東大に合格できる可能性はほとんど変わらないはずです。

たしかに12歳の時点で開成や桜蔭に合格できる学力があるのなら、高い確率で東大に合格できるポテンシャルをもっているることのベンチマークにはなります。でも、開成や桜蔭が東大に合格させてくれるわけではないのです。そのような学校の先生たちは、もちろん生徒たちの希望を叶えるためには全力サポートしてくれますが、大学受験を目的にして教育しているわけではありませんから。

では何のためにわざわざ中学受験するのか。それは、各学校がもつ文化を継承するためです。

私立の学校にはことごとく建学の精神および教育理念があります。時代を経ても変わらない「人としてどうあるべきか」を説く教えです。「何ができるようになるか」ではなく「どういう人になるべきか」、つまり「To do」より「To be」を示しています。人としての生き方です。

たとえば、いわゆるコロナ休校期間中の各学校の対応はそれぞれでしたよね。しかしその方針決定の方法はおそらく公立と私立で大きくちがっていたはずです。公立の学校が教育委員会の方針に従ったのに対して、私立の学校の校長や経営者はおそらく「創立者ならどう判断したか？」を考えたはずなんです。

生き方は、知識ではなく態度なので、言葉で教え込むことができません。その生き方を実践する文化をもつ集団の中に身を置いて、少しずつ体に染み込むものです。フランスの著名な社会学者はこれを「ハビトゥス」と呼びました。

僕はこれを「学校文化」とか「学校の家付き酵母」などと呼びます。「家付き酵母」というのは、昔の味噌や醤油の蔵元に住み着いていた酵母のことです。

昔、同じ材料を使って同じように仕込んでも抜群の風味に仕上がる蔵元とそうでない蔵元があり、前者には神様が住んでいるといわれていました。実際には目には見えない酵母が蔵元の建物の中に住み着いており、それが味噌や醤油に作用して独特の風味を加えていたのです。それを「家付き酵母」と呼びます。

それと似たものが、学校の学び舎にも住み着いているのです。そこに6年間いるだけで、独特の風味が加わります。もちろん同じ学校の卒業生がみんな同じような生き方をするわけではありませんが、俗に「開成らしさ」とか「桜蔭らしさ」というような「におい」があるといわれるのはこういう理由です。

この「におい」を求めて中学受験はするものなのです。

ちなみに東京においては強烈な「におい」を放つ私立中高一貫校がたくさんありますが、地方においては旧制一中や二中と呼ばれるような公立伝統校が地域に根ざした学校文化継承の場としていまでも機能しています。そのような公立高校がある地方においては中学受験をするよりも公立中学から公立名門校に進学したほうが、強い「におい」を身につけることができます。

Point

- 難関大学合格だけが目的なら、学校など行かず6年間塾で対策するのがもっとも合理的。
- 東大に合格するポテンシャルをもつ子はどんな学校に行っても東大に合格する。
- 私学にお金を払うのは、そこにしかない学校文化を身に染み込ませるため。

迷信4

公立高校復権で、もはや中学受験をする意味はない

おおたとしまさ

これ、とてもよく聞く言説なんですが、何を言っているのかよくわからないというのが正直な感想なんですね。というより、こういう言説が出てくるあたりに、この国の受験偏重の病理的教育観の闇があるように思います。

おそらく「公立高校復権」というのは公立高校の難関大学進学実績が向上していることを指しているのでしょう。さらに前提として、**中学受験をするのは〝いい大学〟に入りやすい高校に入るためだという思い込みがある**ように思います。で、難関大学を目指すうえで、公立高校からでもこれだけたくさん合格できているのだから、わざわざ中学受験をする必要なんてないじゃないかという理屈であろうことは推測できるんです。

〝いい大学〟に行くために有利だから中学受験をするという考えが理屈として間違っていることは前項で述べたとおりですが、ここでは百歩譲って、〝いい大学〟にたくさんの合格者を出す高校にわが子を入れることが〝正解〟だと仮定して、中学受験と高校受験を比

較してみましょう。

まず、公立高校復権とは言われますが、いま全国の公立高校の難関大学進学実績が良くなっているように見えるのは、一学区制を導入する都道府県が増えているからです。

たとえば「堀川の奇跡」と呼ばれるほど短期間で進学実績が急上昇した京都市立堀川高校。背景には、もちろん探究型授業の導入などもありましたが、何よりも大きかったのは、普通科クラスとは別に専門学科のクラスを設けて、京都市内のみならず京都府全域から生徒を募集できるようにしたことです。大阪府の北野高校も、学区の制約を取り払うことで進学実績が向上しました。

東京の都立高校も、石原都知事の時代に始まった都立高校改革の一環として、学区が撤廃されました。東京都の人口は約１４００万人。これは東北地方（青森・岩手・宮城・秋田・山形・福島）と北陸地方（新潟・富山・石川・福井）の全県合計の人口に匹敵します。それだけの巨大な母数の中から、学力最上位層を７つの進学指導重点校に集中させる施策です。７校の中でも日比谷、西、国立は別格に人気がある。進学実績が伸びるのはある意味当然です。

もちろん私立学校の場合は都道府県を越えて生徒募集ができるのでもともともっと有利な条件でしたが、何が言いたいかといえば、たしかに**公立高校の進学実績は向上していま**

すけれど、その分入るのも格段に難しくなっているということです。

また構造的に、人気のある都立高校とそうでない都立高校の間に格差が拡大するしくみであることも忘れてはいけません。実際、東京都が私立高校学費の実質無償化を実施したところ、一部の都立高校では定員割れが生じました。都立高校の二極化現象です。

しかも東京都の場合、小石川、武蔵、両国などいわゆる二番手校と呼ばれていたような都立名門校が2000年代中盤にすでに中高一貫校化していきます。追い打ちをかけるように、男子であれば本郷、女子であれば豊島岡（豊島岡女子学園）のような人気私立中高一貫校の高校募集停止が相次いでいます。

都立最上位校には手が届かない、学力的に「上の下」に位置する中学生たちの選択肢が狭まっているのです。「トップ校と二番手校以下にこんなに差ができてるなんて知らなかった！」と言う中学生の保護者の声を毎年のように聞きます。

その受け皿として、いま新しい動きがあります。都立トップ校と競合するような私立上位校が高校募集を停止する一方で、中学受験ではいわゆる「中堅校」と呼ばれるような学校が高校からの募集を再開しているのです。高校受験の志望校選びのエアポケットを埋める形です。

要するに、難関大学に多数の合格者を出す高校に入ることを目的とした場合、日比谷・

西・国立のようなトップ都立高校に合格する自信があるのなら中学受験を回避するのは合理的な判断といえますが、その自信がないならば、中学受験をしたほうがわが子の学力に合った学校の選択肢が多いということです。

しかも高校受験の場合、内申点が無視できません。いわゆる優等生タイプの生徒が有利ですし、トップ都立高校を目指すのならオール5に近い成績をとっていなければいけません。東京都では音楽、美術、体育、技術家庭科の実技系の4教科を2倍に換算して内申点をつけます。いわゆる〝勉強〟ができるだけではダメで、オールマイティな生徒が有利になるしくみです。そのルールでわが子がいい内申点をとりやすいと思えるなら、高校受験を選択すればいいでしょう。

と、あくまでも百歩譲って、学歴主義的価値観を前提に、主に東京都における中学受験と高校受験を比較しましたが、そもそも開成や桜蔭や灘のような私立中高一貫校がない地方ではこの限りではありません。中学受験など考えず、公立名門校を目指すのがその地域の王道でしょう。地域には地域の教育文化がありますから、それぞれの地域の教育文化をよく理解して選択してほしいと思います。

その裏返しとして、地方出身の人がその地方での教育文化を前提に、首都圏の教育文化を理解しようともせず、わが子の受験と進学の方針を決めてしまうのは、非常に危険なことだということも付け加えておきます。

Point

- 公立復権の裏側で公立高校の中での二極化が生じている。
- 上位校ほど高校からの募集を停止している。
- 内申点をとりづらいタイプの子どもは高校受験で不利になる。

迷信5

中学受験勉強は無味乾燥な知識の詰め込みである

おおたとしまさ

中学受験勉強を、無味乾燥な知識の詰め込みであるとして端から切って捨てる人がいます。そういう人にはぜひ実際の中学入試問題を解いてもらいたいと思います。

国語なんて課題文を読むだけで泣けてきてしまうことがありますし、社会だってそのときどきの時事問題をうまく取り入れていますし、理科では与えられたデータから必要な情報を取り出してその場で論理を組み立てる力が求められています。算数にいたっては柔軟な思考力を試す問題がたくさんあることがわかると思います。

ある私立中高一貫校の数学の先生は、「入試を終えてから『楽しい問題だったなぁ』と思ってもらえるような問題を出すように心がけています」と言っていました。また、思考力を鍛える学習アプリの開発を行う企業の代表は、**「中学入試の算数の問題は世界遺産にしてもいいのではないか」**と言って笑います。ある中学受験塾の先生の机には「算数オリンピック」の問題集がありました。理由を尋ねてみると、「中学受験の算数には算数オリンピックの問題を参考にしたと思えるような問題が多いんです」と教えてくれました。単に公式を当てはめればいいという問題ではないのです。

一方で、「中学生になればどうせ連立方程式を習うのだから、つるかめ算なんてやっても意味がない」という人が必ずいます。でもそれは、初等教育（小学校課程の教育）と中等教育（中学・高校課程の教育）の意味合いのちがいを理解していないといわざるを得ません。

小学校の理科では「水」と呼ばれていたものが、中学・高校の理科では「H_2O」になります。水素分子や酸素分子という目に見えないもので構成されているということを理解するのです。算数が数学に置き換わるのも同様です。「りんごがいくつ、みかんがいくつ」と目に見える形での数を扱っていた算数から、文字式を扱う抽象的な数学に移行します。

小学校で習うことも中学・高校で習うことも基本的には同じ世の中の事象です。それを目に見える具体的な次元で理解しようとするのが初等教育の役割、目には見えない抽象的な次元で理解しようとするのが中等教育の役割なのです。

たしかに連立方程式を知っていれば、つるかめ算の問題なんて一発で解けてしまいます。でも小学生段階ではあえてそのような便利な道具をもっていない状態で、考え方を工夫することによって泥臭く答えにたどり着く訓練をしているのです。

僕はこれをよくドラクエのようなロールプレイングゲームにたとえます。連立方程式は、「魔法の剣」のような強力な武器です。これがあればラスボスも一発で倒せます。一方、普通の鉄の剣や槍しかもっていない状況でどうやってラスボスを倒すかを考えるのが、つるかめ算なのです。普通の剣や槍《やり》でラスボスを倒せるだけの知恵と度胸を身につけたうえで魔法の剣を手にしたのなら、文字どおり鬼に金棒です。

ちなみにつるかめ算の面積図の頭の使い方は、高校で学ぶ微積分の頭の使い方そっくりです。かつて数学専門塾で指導していた経験もある某私立中高一貫校の数学の先生は、**「つるかめ算をやった経験のある子どもたちは微積分の理解が早い」**と証言します。普通の武器で強い敵を倒す知恵と度胸を身につけた子どもたちは、次のステージでさらに強い敵を前にしてもひるむことがないのです。

と、ここまで中学入試問題が単なる暗記で対応できるものではないことを訴えてきましたが、一方である私立中高一貫校の校長は、「パターン学習では対応できないような問題を毎年考えて出題するのですが、それもすぐに解法が編み出されてパターン学習にされてしまう……」と嘆いていました。

出題者がいかに思考力を問う問題を出しても、結局中学受験塾がその解法をパターン化してしまうということです。

パターンを頭にたたき込み、似たような問題をくり返し数多く解いた受験生が高得点をとるというルールになってしまっているのが現実であることは否めません。その部分だけを見た人が「中学受験勉強は無味乾燥な知識の詰め込みである」と言っているのでしょう。でもやっぱり、「そういう**パターン学習に慣れてしまった子どもは中学に入ってから伸びにくい**」と中高一貫校の先生たちは口をそろえます。

そこはジレンマです。効率良くパターン学習したほうが得点はとりやすく、志望校合格に近づきやすい。でも、長い目で見たら子どものためにならない……。このあたりのバランスはのちほどきょうこ先生にぜひ聞いてみたいところです。

でも、学力そのもの以上に、中学受験勉強は子どもにとって大きな成長の機会になると僕は思っています。

ノーベル賞を受賞した経済学者のジェームズ・ヘックマン博士は、小学生を集め、課題を出し、計画的に取り組ませ、最後にみんなで復習するという活動を2～3年間毎日行いました。追跡調査の結果、子どもたちにとってその経験が、その後の人生において大きなスキル向上につながっていることがわかったというのです。継続的な努力によって、いわゆる非認知能力が向上したと考えられるのです。

博士がどんな課題を与えたのかまでは知りませんが、2～3年間、毎日、計画的に課題をこなし、みんなで復習するという構造自体は中学受験にそっくりではないでしょうか。

成績はそこそこでも、中学受験の経験そのものがその後の人生に少なからず前向きな影響を与えることが期待できるという、僕の感覚とも一致します。

Point

- 連立方程式とつるかめ算では、子どもにとって経験としての意味合いがちがう。
- 中学入試出題者の意図と塾による攻略法考案はいたちごっこ。
- 中学受験勉強で非認知能力も鍛えられる。

おおたとしまさ×安浪京子　対談1

「いい大学に入りたい」なら、学校よりも塾へ行け

安　浪　「学歴がほしいだけなら中学受験するな」って、またずいぶんと天邪鬼《あまのじゃく》なタイトルの章ですけど（笑）。

おおた　いい大学に入りたいだけだったら、そもそも学校なんか行かずに、中学生のうちから東大受験専門塾に通って徹底的に鍛えるのが一番強いんですよね。6年間それだけの生活に耐えられればですけれど（笑）。ちなみに、通信教育をしているN高が2020年に東大に1人、京大に3人の合格者を出して話題になりましたが、その合格者には有名私立中高一貫校からの転校生もいるようです。これからN高が東大合格、京大合格をバンバン出そうと思ったら、それこそ開成や桜蔭や灘みたいな超進学校から学校に行きたくない優秀な生徒たちを特待生で引き抜くこともできるわけです。

N高は2020年に東大1人、京大3人が合格

安　浪　まさしくそうです。

おおた　つまり、中高一貫校の環境が受験に有利だからとか、先取り教育ができるとか、何か能力や武器を持たせてくれるわけではなく

て、生徒の学力的な器がそもそもちがうということ。

安浪　わかります。**そういう子は、どこの学校にいようと東大に受かる。**

おおた　「じゃあ、なんのために私立の一貫校に行くの？」というと、「その学校らしさ」、それを僕は「ハビトゥス」とか「家付き酵母」（Ｐ27）と呼んでいるのですが、そういうものを得るために行くんです。

■コロナ休校で露呈した真の「その学校らしさ」

安浪　コロナ禍の休校期間中に感じたのは、その「家付き酵母」を出せる学校と出せない学校があったということです。

おおた　というと？

安浪　私が主催している掲示板で、休校中の学校の対応の情報を書いてもらったんです。世の中が変化していく中で、それぞれの学校が何を打ち出そうとしているかが露呈した。今はオンライン化したり、いち早く授業配信したりする学校がもてはやされますが、大事なのはハードではなく中身だとつくづく感じたんです。たとえば、ある女子校は、初期対応は遅かったものの英語動画だけは早く出ていると聞いて、見てみたんです。すると、クラッシー（学校教育ICT化のためのクラウドサービス）が配信している英語動画だったんですね。

おおた　スタディサプリ（視聴型のウェブ学習サービス）を使っていた学校もあったようですね。

クラッシー、スタディサプリが一気に普及

安浪　既成のものを使うのが悪いわけではないけれど、たとえば渋渋（渋谷教育学園渋谷）では「らしさ」が出ていた。ここも初期対応が遅めだったので、親たちは「渋渋ってこんなに紙文化なの？」とげんなりしていたようですけど、出された課題の内容がすごくおもしろかったんです。

おおた　内容が？

安浪　はい。いろいろなかたちで手を動かす学習ですね。たとえば、中1の化学では、**「家の中や窓の外にある元素を探し、写真を撮って貼るかイラストを描く」**という課題がありました。もちろん、探すヒントも提示されています。そしてビギナーは10種類、エキスパートは30種類、マスターは60種類と、興味に応じてチャレンジできるようになっていて、**元素の勉強が初めてでも、一人で探求していく工夫がされている**と思いました。

おおた　たしかに。教室でやっても退屈な元素記号を「一人で覚えなさい」と言われても、どれだけの中学生ができるのよ、と思いますよね。手を動かす学習といえば、麻布は「**野菜を使った料理を考えなさい**」という課題が出されていたようです。

安　浪　そういう意味で、学校も二極化しているなと思います。ただ、この「家付き酵母」の話で付け加えると、こうした学校文化とか「らしさ」まで理解して学校選びをする人は、まだまだ少ないと思うんです。地方出身の私からすると、中学受験文化のない地方出身の親が一度は「偏差値至上主義」的なルートをくぐり抜けて、ようやく学校文化や「らしさ」で学校を選ぶ境地にいたれるんだと思います。

親の多くは偏差値至上主義者!?

おおた　ああ、そうかもしれないですね。「首都圏の教育文化を理解せずに、自分の受験体験を基にして子どもの受験や進学を決めてしまうのは危険」というのは書かせてもらったし強調したいところですが、一方で、首都圏には私立中高一貫校がたくさんあるから、えり好みしなければどこかには入れるはずなんですよ。中学受験をすると決めたからといって、受験刑務所のような生活をしなければいけなくなるわけではありません。

■「全入時代」でも塾は上を目指させる

安　浪　教育虐待の原因として、中学受験者数の増加を挙げるのは間違いだという指摘がありましたが、おっしゃるとおり、中学受験はほぼ「全入状態」です。でも、大手塾は「全員どこかに入れますよ」という言い方は絶対にしません。とにかく上を目指させるので、特に上の層が過熱してしまう。

おおた　そうですね。**全体を見れば全入なのに、一方で熾烈な「男女御三家の1340脚の椅子とりゲーム」**（P18）**が起こっている。メディアはそこばかりクローズアップするんです。**

安　浪　でも**2020年の入試は、今までとちょっと変わった部分もありました。**最難関校が一番手、中堅校が二番手だとすると、最難関校を目指してきた家庭が安全策をとり、一・五番手の学校（難関校）に流れてきたんです。そこで従来、難関校に合格できる子たちができなかった。

おおた　最難関校のなかでも御三家のような別格ではない学校という意味での一・五番手というニュアンスですね。例年であれば御三家を受けるような層が、一・五番手校を受けたから、その下の層が押し出されてしまう形で玉突き事故が起きたわけですね。

安　浪　そうなんです。それで、本郷とか城北あたりに、いつも受かる子たちが受からなかった。

おおた　原因は？

安　浪　理由は2つ考えられます。1つは、一人っ子が増えて安全志向の親が増えたこと。もう1つが、塾の作戦ミスです。

2020年の中学入試は大波乱だった

おおた　作戦ミスとは？

安　浪　大手塾が「やっぱり御三家から見える景色はきれいだよね」とぽんぽんぽんと受験校のパッケージを作って提供したら、残念な結果になってしまった。**塾の言うとおりにせずに、自分たちで情報を集めて、「いやいや、一・五番手の学校から見る景色のほうが好きだわ」と思えたおうちは大丈夫だった**、という感じですよね。

「椅子とりゲーム」は男子と女子で激しさがちがう

おおた　全入時代と言ってもそこには注意が必要で、男女で状況がちがうんですよね。男子の総合格率は、今年は86・3パーセント。一方、女子は106・5パーセント。受験者総数でいうと、今年、男子が2万5653人、女子が2万3000人。実数でも男子のほうが10パーセントくらい多いですよね。男子は86脚しかないところに100人が集まっている。女子の総合格率は100パーセントを超えているから、どこかには入れる。

安浪　そうなんです。中学受験に対するご家庭の男女差はいまだにあって、男の子と女の子がいるご家庭でも「男子なら中学受験で最難関。女子は無理しなくてもいい」と。昔の「男子は4年制大学、女子は短大か専門学校」という価値観とかぶりますね。また、ガツガツ勉強しなくても入れる女子校はたくさんあるので「女の子には苦労させずのびのびしてほしいから中学受験」というおうちも多い。

男子受験生の親と女子受験生の親の温度差

おおた　むしろ男の子もそれでいいと僕は思いますけどね。

■高校受験を廃止する中高一貫校が増えている？

安浪　「先取り教育をしているから大学受験に有利」というのが一面的であるという指

摘も鋭いですね。

おおた　ちょうどおもしろいデータがあるんです。都立中高一貫校で、中学から入った生徒と高校から入った生徒を比較したデータ（P20）です。**中学入学者のほうが学業だけでなく、課外活動でも高い成果を出している**ことがわかります。6年間でやったほうがよい面が多そうだよね、というふうにここでは結論づけている。そもそも中学からと高校からでは入ってくる学力層がちがうことも大きいのですけど、一方で、高校受験がない「ゆとり」が思春期を豊かにしてくれる、というのは僕がよく言う主張ですが、これを裏づける形になっている。まあ、このデータがすべてとは思っていませんけど。

安　浪　でも中学から叩き上げるところは叩き上げる、いわゆる予備校機能を備えている私立もあるので、それは大学受験に有利といえると思います。そういう私立で高校募集をしている学校は、高1で内進生と外進生のクラスを別々にしているところも多いんです。外進生が内進生の授業にいきなりは追いつけないから。

高校からの募集停止が続いているワケは？

おおた　高校からの募集を停止する私立が増えている理由にもつながりますね。

安　浪　たとえば、豊島岡が高校募集をやめたのも、高校から入ってくる子たちを馴染ませるのが大変だということと、高校から入ってくる子の学力が低くなる傾向があるということですよね。

おおた　私立のトップ校が高校受験をやめていっているのは、公立が相対的に強くなってきたからという理由もある。これは「公立高校復権」のところにも書いたけれど、**高校受験での学力トップ層が公立に行くようになった**からね。

一方、あんまり報道されていませんが、逆に私立の中堅校が高校受験を始める動きもあるんです。どこかに穴ができたらそこを私立が埋めるというように、公立と私立が相補的に動くという歴史がくり返されています。

■中高一貫校のメリットは「勉強以外」にある

安　浪　中高一貫校が大学受験に有利なのは先取り教育だけではなく、おっしゃるような長期スパンに則った指導にもありますよね。灘なども、中学3年間かけて『銀の匙』1冊を読み込む国語の授業が有名でした。今はその先生は亡くなられましたが……。そういう〝イズム〟を持っている学校は有

3年間で1冊の本を読むという深い学び

利ですよね。

おおた　そういう学校のイズムにも、学力の器を広げるという意味があります。結果的に先取り教育になってはいるのですが、それよりもむしろ目先の1点2点にとらわれない学習の経験が中高一貫校のメリットだと思うんです。

安　浪　以前、ある教育誌上で東大の1年生たちの座談会があったんです。私立出身者vs公立出身者で、「自分の子どもに中学受験をさせるか」がテーマだったんですが、私立出身者のほとんどが「受験させたい」と。**「学校がムダなく東大までの最短のベルトコンベアに乗せてくれて感謝している」**と言っていたんです。

おおた　ベルトコンベア？

安　浪　ベルトコンベアという言い方はしてなかったかな。要は、最難関大学に受かるために「余計なこと」をしない最短のスキームができていて、そのとおりにしたら東大に入れたと。そうやって東大に受かった子たちは、そこに魅力を感じて、「自分の子どもも私立に入れたい」と言っているんです。

おおた　ちなみに、どういう学校ですか？

安　浪　私立が開成、桜蔭、灘といった最難関校。灘の子だけが唯一「どちらでもいいと思う」と話していました。公立は、中部・中国地方などの高校。だから、おおたさんがおっしゃるようないろいろ広げてくれる学校に行っても、そこに目を向けずに受験勉強の部分だけを切り取って、そういう価値しか得られていない子もいるんです。座談会参加者がまだ大学1年生だというのもありますけどね。

中学受験に向いていない子ほど「詰め込み学習」になる

おおた　何が何でも最難関校合格を目指して、中学受験勉強がこのためのただの苦行になってしまうのはすごくもったいないと思うんですよね。〝正しく〟中学受験勉強して、その範囲で合格できる学校に行けばいいいと思う。

そこで、きょうこ先生に聞いてみたかったのは、効率よくパターン学習をした子が得点をしやすく合格しやすいという事実があるけども、パターン学習は「無味乾燥な詰め込み」になりやすいし、長い目で見たら子どものためにならない。このバランスをどうとったらいいのでしょう？

詰め込み学習は無駄なのか？

安　浪　従来型の中学入試でいうと、やっぱり受験勉強に向いていない子は向いていないんですよ。言い切っちゃって申し訳ないのですけど……。

おおた　向いていない子はいるだろうなと思います。

安　浪　入試に必要な学習内容と、入試までの持ち時間が決まってますからね。向いていない子は、どうしても「無味乾燥な詰め込み」になってしまう。従来型の中学入試では、塾が入試から逆算して3年間で習得できるようカリキュラムを組みます。だから、毎週毎週、消化する単元が決まっている。興味がある単元を何週間もかけて、興味のない単元を数分で終わらせる、ということができないんです。でも、そこに楽しくのっかっていける子は、習ったつるかめ算が中学以降の積分にもつながるだろうし、地理・歴史も複合的に血肉になります。

おおた　それはよくわかります。

安　浪　主催しているセミナーでは、6年生の夏休み前は「基礎理解が大事」「丸暗記は意味がない」という話をさんざんしています。ところが、入試直前期の11月のセミナーになると、言うことを変えます。入試で典型題しか出ない中堅校、標準校を目指すご家庭には「もう丸暗記しちゃってください！」と言うんです。**「ここから詰め込み解禁です！」**と。でも、やっぱりジレンマはあって……。

おおた　入試の現実と、子どもを伸ばしたいという思いと……。

安　浪　はい。私は常々、入試問題を出す学校側が中学受験の算数を通して何を身につけさせたいかをちゃんと持っておくべき、と考えています。たとえば、「場合の数」の勉強をするとき「何通り」という正解を出す能力のある子がほしいのか、もれなく自分の手で数を書き出せる能力のある子がほしいのか。その目的によって、学校側の出題が変わってくるべきだと思うんです。

後者の、**「もれなく自分の手で書き出す」能力を求めるのであれば、あらゆるレベルの子が対応できます。でも、今の出題傾向や大手塾のカリキュラムでは、勉強が苦手な子には厳しい。**そういう子は効率よくパターン学習をしないと模試で点をとれないし、受からないシステムになっているんです。

おおた　大学受験にも言えることですね。中学のうちは1点2点にこだわらない勉強をしておいて、高校3年生になってからはひたすら詰め込む。この大学に入るために必要なものがこれだけあるのなら、そのときは我慢してやるしかない、ということ。

安浪　入試制度がそうある以上は、知識の詰め込みでしのぐ面が出てくることもあります。

おおた　**僕は学校や教育の理想を書いていますけど、とはいえ、勉強する側はきれいごとだけじゃすまされない。**きょうこ先生がジレンマを感じながら子どもと向き合っていること、よくわかります。

■「ぐんぐん根を張っていける子」に共通する家庭とは

安　浪　私は家庭教師としていろんなお子さんと接していますが、**親が目先の1点2点ではなく、本当の力を身につけてほしい、というスタンスのおうちは指導しやすいですよ。そういう子は本当に伸びていくので。**

おおた　ああ、それこそ小学校では伸びなかったとしても、中学校に入ってから伸びていく？

安　浪　伸びますね。「中高6年間で学力の土台を広げられる」と書かれていましたが、そういう子にはそういう指導ができるんです。模試ですぐに点がとれるわけじゃないけれど、本人が根を張っているのがわかる。入試の時点で結果がどうこうではなく、受かる子もいれば落ちる子もいるけれど、その後がぜんぜんちがう。

受験が点取り作業で終わる子、終わらない子

おおた　そういう家庭は受験に対するスタンスもちがうのでしょうか？

安　浪　はい、そういう家庭は、**「何が何でもこの学校！」という偏差値至上主義ではな**

く、子どもを第一に考えていますね。もちろん合格できればとは思っているけれど、「最終的に収まるところに収まればいい」と大きくかまえています。そう思えていない家は、詰め込む！

おおた　本当にそうだと思います。

安　浪　ポテンシャルが高くて能力があるなという子は、授業をしていると、返してくる考え方とか発言の内容がちがうんです。でも入試問題になると、計算ミスだったり、6を8と転記ミスして×になって不合格になる。ナンセンスだけど、入試とはそういうものなんです。能力が高いことと入試で点をとることとは別スキル。でも受験では、後者のスキルを磨かないと受からないよ、という話ですね。

おおた　そのとおりです。ただ、ムリして詰め込んで勉強したからといって、皆が皆、伸びないというわけではないんですよね？　そう言い切ってしまったら、そうしている子はかわいそうな気がするんですけど。

安　浪　それは正直に言うと、残念ながらやっぱり伸びないですよね。その無味乾燥な詰め込みになってしまっているのは、やはり教える側の責任だと思います。そういう教え方をしている先生が多い。とはいえ、先生も被害者で、「ちゃんと教えたくてもできない」状態だったりする。塾ではとにかくやることが多いので、やりきれないんです。そんな塾に焚《た》きつけられて、親も「待つ」ことができなくなっている。事実、コロナの期間、塾に焚きつけられないと、親も子もポーッとしていた家庭が一定数ありました。

■学校も塾もない中で起こる教育虐待

安浪　先ほど、学校の対応が二極化しているという話をしましたが、家庭の教育も二極化していると思います。休校中、勉強する子はしているけれど、勉強しない子は本当にしない。**まったく勉強しない子たちは、ちょっときついことをいえば、そもそも中学受験をする土俵に上がっていないんですよね。**

ただ、そういう家庭でも親は子どもに中学受験をさせたがるから、子どもは入試前の11月頃にしわ寄せがきて、「どこかに受かりたいなら全部、暗記して！」という勉強法になってしまうんです。

コロナ禍で
二極化する受験生

おおた　たしかに、自分で勉強できる子はどんどんできちゃうだろうし、しない子はしないだろうし。一方で、いわゆる教育虐待的な、親が管理してできるだけ勉強させる「チキンレース」をしているおうちでは、家にいる間、何時間、勉強させられているんだろうと心配になっちゃう。だから、**どんどん自分で進められる子は進めればいいと思うんだけど、「別にしなくていいや」という子がいてもいいと僕は思いますね。**

安浪　たしかに、家にずっといて親子関係が最悪になっている家庭もあると聞きました。

おおた　「今この時間だって他の子は勉強しているのかもしれないわよ。あんた、1つでも何か問題解きなさい！」とか言われていたら……ね。昼間、小学校に行って夕方から塾へ行って、家にいる数時間でガミガミ言われるだけなら耐えられたかもしれないけど。1日中、毎日、言われていたら身がもたないよなぁと、それが心配です。

第2章

「フェイク学力」にご用心

「本当の学力」を上げる勉強法

中学受験に舵《かじ》を切り、いざ志望校を目指して
意気揚々と受験勉強をスタートさせたものの――

授業内容についていけない
テストで点数がとれない
そもそも勉強したがらない

……という壁にぶつかって、足踏みしていませんか。

親にとって胸が痛む状況ですが、
本当に苦しんでいるのは子どもです。
こういうとき、どんな「助け舟」を出せばよいのでしょうか。

本章では、受験勉強の基本的な考え方と、
具体的な悩み解決法を紹介します。

各項目に登場する子どもたちは、
苦しかった状況をどう克服してきたか——。
彼らの「勉強法」エピソードもぜひ参考にしてください。

迷信6

中学受験は算数勝負って本当ですか？

安浪京子

入試は合計点で決まります。算数1科入試でない限り、算数だけで合否が決まるわけではありません。しかし、どの家庭も算数の勉強にもっとも時間を費やすことになるのは紛れもない事実です。なぜなら算数には、次のような特色があるからです。

○必須科目である

一般入試の場合、算数を免除する学校はありません。

○配点が高い

入試の配点は「国：算：理：社＝100：100：100：100」のような4科均等型、「国：算：理：社＝100：100：50：50」のような国算重視型に分かれます。さらに、算数1科入試も増えており、算数に重きを置く学校が増えています。

○合格者と不合格者の得点差がもっとも大きい

合格者と不合格者の得点差がもっとも大きいのが算数です。ただし、算数が非常に難しい年は、算数が得意な子でもあまり点数がとれず、点差が開かないこともあります。

○特殊である

小学校で勉強する「算数」、中学受験で出題される「受験算数」、中学校以降で勉強する「数学」はまったく異なります。方程式では解けない問題もたくさんあります。

○取り組みの差が出やすい

特殊であるがゆえ、前提となる知識や考え方を知らなければ手も足も出ません。そのため、どの分野も新規事項を理解し、さらにそれを使えるように定着させる努力が必要です。

「算数が負担で他科目に手が回らないから、ウチは2科受験で」と早々に決めるご家庭もありますが、2科受験か否かを最終的に決めるのは6年生の秋以降にして、それまでは4

科（関西の一部の学校は3科）すべてを勉強することを強くおすすめします。なぜなら、勉強しておかないと中学に入ってから理科と社会の授業についていけず、大変なことになってしまうからです。

さて、算数はすべての問題において計算が必要です。

「計算力をつけるには公文とそろばん、どちらがいいでしょうか？」とよく相談されますが、4年生までならばどちらでもいいですし、必ず必要なわけでもありません。公文にもそろばんにも通っていないのに、きちんと計算力がついている子もたくさんいます。

公文で身につくのは計算スピード、そろばんで身につくのは体（指）と頭を同時に使うことによる脳トレ要素と、それぞれにいい面がありますが、「それでもどちらがいいか？」という質問に答えるならば、中学受験に必要な〝計算力〟を短期間に向上させるという意味で公文となります。なぜなら、そろばんは分数や四則混合計算を扱わないからです。

公文を選択されたご家庭には、「5年生の夏までにはF教材（6年生相当）を終わらせてください」と話しています。というのも、5年生以降は塾での算数の内容が高度化し、公文に取り組む・通う時間的余裕がなくなるからです。

とはいえ、公文も一長一短。「汚い字をすべて消してやり直しをさせる」「とうに習得できている内容でもしつこく繰り返す」といった先生(教室)に当たると、子どもが公文、ひいては計算、さらには算数そのものが嫌いになってしまいます。その兆候がある場合は、F教材まで終わらずとも身を引くほうが賢明です。

受験算数は暗記で乗り切れるのでしょうか?

ところで、一定の受験攻略本には「受験は要領」「受験は暗記」という方法が紹介されていますよね。

これはYESとも言えるし、NOとも言えます。

「丸暗記、詰め込み反対」という論もありますが、暗記をすべて排除したらどうなるでしょうか。「円周率は3・14」を知らなければ、円の問題は解けません。それとも3・14を子どもに発見させますか。

そもそも、「受験は暗記」と述べている著者は、たいてい最難関中高から東大や医学部に進んでいます。そしてこれらの本は高校受験生、大学受験生に向けて書かれています。

こういった著者が述べる「暗記」は、小学生がよく理解せずやみくもに「暗記」しているのとはワケがちがいます。教科書やテキストを読んで自分で根本理解ができたうえで、さらにさまざまな知識を忘れないようにどう整理し、紐づけるかという「テクニック論」です。

受験算数はテクニカルな丸暗記だけでは乗り切れません。和差算を「(和＋差)÷2＝大」と覚えたところで、設問を読んだときに〝和差算を使う〟と気づかなければアウトです。

ただし、4年生の間はこの方法でもある程度復習テストで点数がとれてしまうのが厄介なところ。点数がとれるだけに「この方法でいいんだ」と思ってしまい、その方法を続けてしまいがちです。しかし、実際の入試では、暗記でしのげる問題はごくわずか。そもそも、そのような出題が一切ない学校も多数あります。

丸暗記型か否かを見抜く方法は、「子どもに解き方を説明させること」です。スラスラとよどみなく説明できたら塾の先生になれます……というより、それは塾の先生の説明を丸暗記している証拠。たどたどしく(考えながら話すとスラスラ話せません)自分の言葉で、親にでもわかる説明ができていれば大丈夫です。

ただし、志望校が最難関校や難関校でなく、「とにかく算数が苦手」というお子さんは、直前期はひたすら典型題を詰め込む、つまり暗記することが得点につながります。中堅校では基本的にパターン問題が解ければ算数はほぼ7割、点数がとれます。理科や社会の知識問題を詰め込むのと同じです。

だからといって「じゃ、直前期に暗記すればいいのね」というのもまたちがいます。一生懸命考え、取り組んできた月日があってこそ、最後に暗記が叶うのです。そこははきちがえないでくださいね。

Point

- 受験算数は特殊なため、もっとも時間を費やす必要があるのは事実。
- 算数に計算力は必須。公文は近道だが、取り組み方を間違えないこと。
- 「受験は暗記」の意味をはきちがえない。

迷信7

ウチの子、読書しないから国語ができないんです

安浪京子

読書が大好きで几帳面なFちゃんのスポット指導（定期的ではなく、夏休みや直前期など短期間のみ指導）に入ることになりました。記述力もあり、読書感想文では何度も表彰されている実力派で、国語は安定して高偏差値をとります。その一方、算数が大の苦手。高校生のような達筆さで理路整然と式が並んでいる算数の宿題ノートは、すべて解説の「写経」。模試の偏差値は国語と算数で20近くの差がありました。

4年生から教えていたRちゃんは国語も算数も苦手。読書そのものも大嫌いで、何度かおもしろそうな本を見つくろってプレゼントしましたが、いつも2〜3ページで挫折していました。学習マンガも興味がなく、**「あの手この手を尽くしましたが、本を読ませることはあきらめました」**とはお母様の談。国語のテストでは時間内に最後の問題までたどりつけないため、漢字と語彙で細かく点数を稼ぎ、客観問題（選択肢問題）で運を天に任せ

るスタイルです。5年生になっても「6を3で割ると」「6で3を割ると」の区別がつかず、いわゆる〝読解力〟のなさに、算数を教える私も頭を抱えました。

さて、最終的にどちらが算数の点数を伸ばしたと思いますか？

算数に限らず、どの科目にも読解力は必須です。「読解力のある子は、どの科目も読みちがえやミスがなくて有利」という話も聞きます。となると、国語で安定した点数のとれているFちゃんに軍配が上がりそうですよね。

最後に大きく成績（合計点）を伸ばしたのはRちゃんでした。

Fちゃんは算数になると、別人格のスイッチが入ってしまうようでした。自信のなさ、点数をとらねばという気負い、全部の問題に目を通さなきゃという焦り……。几帳面なタイプなので計算ミスはあまりなかったのですが、算数の問題文が2行以上になると途端に条件を見落とします。

たとえば「立体の頂点から1センチ間隔ですべての辺に点をつけました。全部で点は何個ありますか」という問題の場合、頂点を外して点を数えてしまうのです。

「条件文に線を引いてごらん」「数字と単位に丸をつけてごらん」と指示したうえでも、です。

読解力はたしかに必要です。Rちゃんのように「を」と「で」の区別がつかない場合は、式を書かせて繰り返し取り組ませる必要があります。「算数はたった1つの助詞で、求めるものがガラッと変わるからね」と根気よく教えるうち、**6年生の夏あたりから問題文を正確にとらえられるようになってきました**。国語は最後まで低迷したままでしたが、入試直前期には「算数の読解力は百点！」と太鼓判を押すまでに至りました。

実は、東大や京大の理系出身者、医学部出身者にヒアリングすると「まったく読書習慣がなかった」という大人は少なくありません。家には本がなかった、太宰治を一度も読んだことがないという彼らは「だって、国語は出題者が望むように答えればいいでしょ」と一様に話します。一方、本が大好きな子は、模試の物語文の世界に入り込んで、主人公に感情移入し、設問に答えるとき不正解となることも。

読書量とテストで点数をとる国語力はまったく別物です。点数をとる国語力とは「読解技術」を習得しているか否かであり、これは本来、塾で教えてもらっているはずです。その力をつける良質な問題集もたくさん出ています。

読書が入試に直結する要素としては、「通読力（最後まで読み通す力）」「語彙が増える」、そして「多種多様な状況や価値観の習得」が挙げられます。特に難関校以上になると、テーマが戦時中であったり、主人公が地方の独居老人であったり、はたまた男子校の入試問題で女子の初恋の気持ちをあつかったり……。

でも、読書によって前提知識を持っていれば大きくひるむことはありません。

もちろん、読書はテストで点数をとるためにするものではありません。視野を広げ、心や思考を豊かにし、自分の価値観構築や生きていくためのヒントを得るものです。

「うちの子は国語力がないから」といって、それを他科目においても点数がとれない理由にするのはナンセンス。算数は算数、理科は理科、社会は社会の読解力を身につければ大丈夫です。

Point

- 本好きだからといって、国語のテストで点数がとれるわけではない。
- 国語の点数を上げるためには「読解力」が必要。読解力は習得できる。
- 読解力は科目ごとに磨ける。

迷信8

土日は最低8時間の勉強が必要

安浪京子

家庭での勉強時間について「学年＋1時間」とはよく言われることです。中学生から使われる言葉ではありますが、**中学受験生になると、6年生で「6＋1＝7時間」勉強している**子の話も聞きますよね。学校から帰ってくるのが16時だと、そこから7時間の勉強と夕食やお風呂を入れて……寝るのはどうがんばっても0時！

実際、最難関中学に合格した家庭のスケジュールを見ると、0時過ぎまで勉強しているケースもあります。それを見て「そこまで勉強しないと合格できない」と焦る方も多いと思いますが、果たしてそこまでの勉強が必要でしょうか？

私の教え子に、今は高校生のHちゃんと中学生のY君がいます。Hちゃんは3年生から塾に通い、6年生になると塾は週4日、日曜の特訓授業は軽く6時間を超え、塾から帰っても寝る前に勉強、塾のない日は学校から帰ると毎日5時間以上勉強していました。

一方、Y君は4年生から塾に通っていましたが、5年生の後半から徐々に塾に行かなくなり、6年生の夏休み前に塾をやめました。その後、すべて個別指導に切り替えましたが、個別指導がない日は学校から帰ると、毎日の勉強時間は30分未満。

私がHちゃんとY君に出す宿題の量もまったく異なりました。Hちゃんには通常どおりの宿題を出していましたが、Y君に同じ量の宿題を出すと「そんなに無理」と、かえってモチベーションが下がり、勉強そのものを放棄してしまいます。私が二人に出した宿題の量は5倍以上の開きがあったのではないでしょうか。

そして、Hちゃんは念願の第1志望に合格、Y君は第3志望に合格。二人は今、同じ学校に通っています。

勉強時間と学習量については、結論からいえば「家庭の方針」「子どもの特性」次第となります。

塾を選ぶとき、おそらくほとんどの方が「合格実績」を意識されると思います。大手塾は「開成中○人！　灘中□人！」と最難関校の合格人数を宣伝しますし、その人数を参考にはしますよね。しかし、その塾に入れば誰でもそれらの学校に合格できるわけではありません。最難関校に合格するためには並大抵ではない努力が必要であり、相応の時間と学習量を費やす必要があります。大手塾はその方法で結果を出しているわけですから、当然すべての塾生にそのやり方を求めます。

しかし今、中学受験は多様化しており、何が何でも（大手塾のコース名にありますね）この学校でなければ！　というご家庭ばかりではなくなっています。また、がむしゃらに勉強して最難関中学に合格した経緯をもつ親御さんが「同じ中学を目指させたいが、自分のときほどは勉強をやらせたくない」と考える割合も増えています。

中学受験に対するご家庭のスタンスを、私はいつも大きく3つに分けています。

◯アスリート型

第1志望合格のために、中学受験が最優先のご家庭。オリンピック選手を目指すのと同じストイックさで臨みます。佐藤ママこと佐藤亮子さん（息子3人が灘中、長女ふくめ4人全員が東大理Ⅲに合格）はここにカテゴライズされます。膨大な量の宿題にも、目をむくような難しい問題にも怯まず、**勉強も生活も親が徹底管理します**。0時過ぎまで勉強するのはめずらしくありません。

○スタンダード型

「中学・高校により良い環境を求めたい」「中学校で内申をとれなさそうだから」といった理由や、小学校の半数以上が受験するといった外的要因などで始めるご家庭。ここが中学受験層のボリュームゾーンとなります。塾の言うとおりに3年生の2月（新4年生）から大手塾に通い（最近はさらに1年前倒しの傾向がありますが……）、中学受験をする以上は少しでも偏差値、知名度の高い学校を目指したい、と最初は親ががんばります。しかし、学年が上がるにつれて塾のペースについていけない、思うように成績が上がらない、家庭内の雰囲気が険悪になるという現実に直面し、「ここまで勉強させるのはどうなのか」「わが子を潰してまでしたくない」という葛藤を抱えながら進んでいくことになります。

○マイペース型

バレエや将棋など勉強以外にがんばっているものがあったり、「勉強しないよりはするほうがいいし、合格できなかったら公立に進学すればいい」と中学受験ファーストでないご家庭。基本的に大手塾は外し、家から近い、少人数、あるいは寺子屋的な塾に通わせるか、個別指導、家庭教師などでレベルや進度、曜日をカスタマイズします。あまり偏差値にこだわりがありません。

「土日は8時間以上」というのはアスリート型です。ただし、大手塾自体がアスリート体質ですから、必然的に土日は6〜8時間は勉強することになりますが……。他にも「朝型がいい」「四当五落（おもに大学受験で使われる）」など、受験に関するうんちくはいろいろありますが、すべてが全員に当てはまるわけではありません。まして**身体をつくる大切な時期である小学生にとって、睡眠は勉強より大切**。朝に強い子もいれば弱い子もいます。「でも入試は朝からでしょう?」という声もありますが、朝に弱い子は本番1カ月前から徐々に慣らしていけばいいだけの話です。

がんじがらめにならず、ご家庭にとってもっとも納得のいく方法を探ることが、やって良かったと思える中学受験への第一歩です。

Point

- 全員に共通する「勉強時間」「学習量」は存在しない。
- 中学受験へのスタンスには「アスリート型」「スタンダード型」「マイペース型」がある。
- 大手塾は基本「アスリート型」。

迷信9

小学校のテストが80点以上じゃないと中学受験してはダメ？

安浪京子

中学受験は、義務教育とは内容もレベルも大きくかけはなれた出題がされます。高校入試、大学入試とまったく同じ問題が出題されることもザラ。

実際に大手塾のテキストを見るか、入試問題を制限時間内で解いてみてください。理科や社会は「昔は覚えていたけど、もう忘れたよ〜」ということが出てきますが、「算数」は理系の大学院を卒業した大人が方程式を駆使しても（小学生は方程式を知らない）解けない問題がたくさんあります。

小学生を期間限定でこのレベルまで引き上げねばならないわけですから、おのずとテキストのレベル、授業のスピードも上がるというもの。よって、小学校のテストで〝楽に〟80点以上とれる子でないと、大手塾の授業についていくことができないのは事実です。

そして大手塾は、こういった小学校のトップ層でひしめきあっています。小学校では学年1位でも塾では一番下のクラス、ということは決してめずらしくありません。

クラスといえば、「入塾時から上位クラスを狙うべき」「上位クラスで入塾するほうが有利」という話もよく聞きますよね。

授業で使うテキストはどのクラスも共通ですが、上位クラスと下位クラスでは扱う問題が異なります。しかし模試では下位クラスで扱っていない問題も出題されるため、下位クラスは必然的に不利になる、という理由です。

でも、「学校のテストで80点以上」「入塾は上位クラスを目指す」というのは、あくまで「大手塾の授業についていき」「最難関校や難関校を目指す」場合の話。

今は70ページでお話ししたように、中学入試の動機もさまざまで、すべてのご家庭が最難関校を目指すわけではありません。

さらに、子どもの学力やポテンシャルをテストの点数だけではかることが難しいのも事実です。

「うちの子、算数ができないんです」とG君のご両親に相談されたのは5年生の春。算数の**偏差値は40**でした。実際にG君を指導してみると、考え方の道筋を示されれば「あ、そういうことか」と自力で解き進めていき、「こういうふうにも考えられるよね」と別解をどんどん見つけ、自分の言葉で説明してくれます。**「テストの偏差値はたしかに40だけど、実際は60近いポテンシャルがある」**という手ごたえどおり、最終的に難関校を受験するまでに至りました。

一方、最難関校を目指しているMちゃんは5年生の終わり頃まで偏差値が60近くありましたが、**解法を丸暗記して基礎が脆弱な、いわゆる「フェイク学力」**。6年生の内容はどんどん高度になるし、暗記で太刀打ちできなくなるよとさんざん伝えましたが、勉強の仕方を変えないままどんどん成績が下がっていき、最終的に偏差値50台前半に落ち着きました。

学力が伸びる時期も、子どもによって異なります。

Aちゃんは、4年生のときに指導を依頼されました。小学校でのテストの点数は一定せず、100点のときもあれば50点のこともあります。忘れもしない最初の授業はつるかめ算。2時間、あの手この手で教えても理解できない様子を見て、「この子を入試まで引っ張っていくのは辛いなぁ」というのが正直な感想でした。

5年の夏前までは「割合」や「速さ」といった抽象度の高い分野が完全にお手上げ状態

だったAちゃんでしたが、夏頃から急激に理解度が高まり、雑談の内容もゲームやテレビから、学校の先生や友達、家族といった対人関係に変化してきました。成熟度が増してきたのです。4年生のときに「うちの子、学校では真ん中より下の成績なんです」といわれたAちゃんでしたが、コツコツと真面目に取り組み続けられる素養も貢献し、難関校に合格。4年生のときに2時間かけても理解できなかったことが、6年の夏には10分で習得できるようになっていました。

Aちゃんと同じような軌跡をたどる子は決して少なくはありません。

ちょうど中学受験のカリキュラムの始まる4年生は、子どもの学力をはかるのが非常に難しい時期です。中学受験界でいう「ポテンシャルの高い子（最難関校に難なく合格する力を持つ子）」はすぐわかります。親に徹底的に管理され、宿題を何周もして点数をとっている子は、実力が見えにくくなります。一方、問題が解けない・理解できない子に関しては、頭を使えないからなのか、幼いからなのかの判断がつきません。

中学入試に必要な勉強内容はたしかに高度です。でも、大手塾のペースで勉強しなくても伸びる子、合格できる学校はいくらでもあります。「小学校の授業についていけないから、面倒見のいい私学に入れたい」というご家庭も増えてきました。
小学校の成績は子どもの現在地を知るための手がかりになりますが、伸びしろまでは教えてくれません。入試の内容も多様化してきています。中学受験は「大手塾に入って上を目指す」だけでなく、いろいろなゴールやアプローチ方法があると、ぜひ知っておいてください。

Point

- 最難関校・難関校を目指すなら、小学校のテストで楽に80点以上とる力は必要。
- 子どものポテンシャル・伸びしろは点数だけでははかれない。
- 何を目的として中学受験するかによって、アプローチの方法もさまざま。

迷信10

過去問を始めるのは、早ければ早いほどよい

安浪京子

過去問は模試と異なります。模試での志望校判定が80パーセント以上でも、実際の過去問を解くとまったく点数がとれないことがあるのは、模試と入試問題の出題方式にズレがあるためです。

「入試問題は学校からのラブレター」といわれるように、的確な処理ができる生徒がほしい学校は典型題が多く、思考力のある生徒がほしい学校は学校独自の思考題を出題し、自分の考えをきちんと表現できる生徒がほしい学校は記述をさせます。

そのため、入試本番で点数がとれるよう、過去問を使って「出題傾向を知って対策をする／解くスピードを決める／問題取捨選択眼をきたえる」といった戦略を練る必要があります。

コロナ禍の休校・休塾で急に時間に余裕ができた2020年の3月、4月。6年生の親御様からは、

「今のうちに過去問に取りかかろうと思うのですが……」

という相談が増えました。

いずれはやらねばならない過去問。入試直前期になって積み残しが出てくるならば、時間のある今から少しずつ進めていけばいいのでは――そう考えるのもわからなくはありません。他にも**「過去問は10年分以上やる」「同じ過去問を3回以上まわす」**という話も聞きます。

過去問はたくさんの年数を、できるだけ早い時期から何度も繰り返すのがベストなのでしょうか？

○回数について

あるご家庭から、「プロの家庭教師に過去問10年分を5回解くようにと指示された」という話を聞いて本当に驚きました。

入試にまったく同じ問題は出題されません。毎年食塩水の問題が出題されるならば、どのような食塩水の問題が出題されても解ける力をつけることが大切です。

もちろん、毎年似たパターンで出題される問題の場合は、くり返し解いて「型」を身につけるのは有効です。ただし、同じ過去問を5回も解いていれば、子どもだって答えを覚えます。解くたびに点数が上がって当然です。これは実力ではありません。

塾の指示やフライングで6年の夏前に手を付けてしまった、という場合は、きちんと志望校対策をしたうえで直前期にふたたび取り組みましょう。夏に解いた問題の答えをすべて覚えているほど、子どもも器用ではありません。初回で解いた過去問がボロボロだった場合も同様です。「ひどい点数をとった」というセルフイメージのまま、入試会場に向かわせたくないですからね。

○年数について

私はいつも「第1志望は赤本1冊分はやりましょう」とお話ししていますが、学校によって赤本に収録されている年数は3〜10年と幅があり、取り組む年数は必ずしも厳密なものではありません。

ただ、**第1志望に関しては最低でも5年分**は解かないと、子どもが出題形式や時間配分に慣れることができません。第2、第3志望も、よほど余裕で合格できる場合でない限り、最低3回は解き、点数のとり方を習得する必要があります。

今はネットなどで赤本の中古品を入手するなど、10年、20年前の過去問を入手することが可能です。しかし、今と昔で出題傾向や形式、制限時間が変わってきている学校もあります。出題傾向が変わらず、志望校対策もできているならば10年分以上解いてもいいですが、宿題の感覚で解き散らかしたり、過去問に飽きたりしないよう、解くペースや子どもの気持ちとうまく折り合いをつけることにも心を砕きましょう。

○過去問に取り組む時期

過去問をザッと見ることによって、説明会やHP、パンフレットでは見えてこない学校の本音を知ることができます。特に**国語で扱っている文章から、その学校が大切にしていることがわかります**。そういう意味で、あらかじめ過去問に「目を通す」ことは有効です。しかし実際に「取り組む」時期には慎重になる必要があります。

大手塾のカリキュラムのほとんどは、6年の夏休みでひととおりの学習が終わるように組まれています。そして、6年秋から志望校対策が始まります。

つまり、6年春の時点では、ひととおりの学習が終わっていませんし、6年夏の時点ではまだ志望校対策に着手していないわけです。この状態で過去問を解いても点数はとれず、親子共々の自信と、貴重な過去問を失うのみです。

過去問に取り組み始めるのは、ひととおりの学習が終わり、志望校対策がある程度進んでから。1行題（大問[1]や大問[2]で出題される1、2行程度の典型題）で点数がとれないならば短期間に全分野の基礎をさらい直す、速さのダイヤグラムが毎年出題されるならば得意になるくらいまでやり込む——これが志望校対策です。

科目にもよりますが、大手塾に通っている場合、**算数の場合は早い子で6年生の10月、遅い子だと6年生の12月**まで過去問のGOを出せないこともあります。

夏休みから過去問をスタートさせる塾もありますが、これは子どもの仕上がりを考慮せず、カレンダーを逆算して日程を決めたものになります。志望校対策をせずとも点数のとれる学校ならばいいですが、そうでない限りは「志望校対策をしてから解かせたいのですが」と先生に相談しましょう。

過去問にとりかかるうえで大切なのは、入試にピークを持ってくることです。早すぎる過去問着手で12月にすることがなくなってしまう、あるいは点数がとれて慢心してしまうなどの理由から、余裕で合格するはずが不合格だった、ということもめずらしくありません。

何年も出題傾向が変わらない大学付属校などは「なるべく早くとりかかって何回も繰り

返す」という話もありますが、基礎が身についていない状態で同じ問題を何度も解いて解法を覚えても、少し問題の出し方をひねられたら手も足も出ません。これは復習テストや模試で痛いほど経験されてきたのではないでしょうか。

「早くとりかかって何回も繰り返す」が功を奏すこともありますが、実力がついているわけではないと心得ましょう。入試はそれほど甘くありません。

Point

- 同じ過去問を何回もくり返し解いても、まったく同じ問題は出題されない。
- 出題傾向の変わった学校は、解く年度に注意が必要。
- 過去問の早い仕上がりは禁物。大切なのは本番にピークを持ってくること。

「公文そろばん論争」
——中学受験に本当に役立つのは？

おおた　「公文そろばん論争」は興味深いですね。中学受験を前提として、基礎学力をつけるには公文か、そろばんか——。そろばんといえば、「そろばん道場」というように一種の「道」であって、勉強とはちがう集中力とか〝ゾーンに入る経験〟などが得られると思うんです。**そこは、公文にはないそろばんの魅力であり神秘的な部分ですよね。**

安浪　道場は「しつけ」てもくれますしね。

おおた　一方で、コロナ休校のようなときには、公文の良さが発揮されると思います。**好き嫌いは当然あるけれど、一応、例題を見てマネして数をこなすという作業で進めることを前提にしているから。**

母が公文の先生だった

安浪　一人でできますしね。私は、母親が公文の先生をしていたので「公文っ子」なんですよ。小4で高校教材を解いていたんですけど、そのせいで、いわゆる算数ができなくなったみたいで……。公文はパターン学習だから思考力がいらないんです。以前、脳学者の先生と対談したとき、「私、計算は苦じゃないけれど、灘中の問題はめちゃくちゃ頭使います」と話したら「計算のときは頭を使っていないんだろうね」と言われました（笑）。その話の流れから、先生も「公文とそろばんでは脳の鍛える場所がちがうんでしょうね」と。

おおた　公文は代数の計算問題をいかに効率よく解くかに特化してつくられたメソッドですからね。

安浪　だから私、「数量」の分野に弱いんです。数字はあくまで「数字」であって、「数」という量的概念を持たずにきたので、男子最難関校の数量分野の問題、今でも苦手なんですよ。

おおた　へえ、きょうこ先生が、実は……。

安浪　今は何十年もやってきたから解けるんですけどね。だから、息子には公文はさせず、頭を使う問題ばかりさせてきました。ただ、そろそろ計算スキルを磨くタイミングかなと思って、コロナの休校中に公文を始めました。

おおた　いいじゃないですか。中学受験の準備として、どの教材まで進めておけばいいのかですが、きょうこ先生は「5年生の夏までにはF教材（小学6年生相当）」（p62）と書かれていますが、以前、僕が公文の本を書いたとき、「3年生までにF教材」と書いたんです。というのも、F教材は分数と小数の四則計算なので、中学受験で有利な条件として働かせるのなら、塾に入る前までに、欲をいえば3年生までに、と補足したいんですけど、どうでしょう？

3年生までに6年生の「F教材」？

安浪　公文は一人でどんどん進んでいけるから、3年生でF教材を終えるような子はそれなりに優秀です。そういった子は、公文があってもなくても上位校に入れる素養があり、そもそも「公文そろばん論争」は必要ないと思うんです。私が「5年生の夏までにはF教材」と書いたのは、計算の苦手な子が4年生で塾に通い始めたとき、塾の計算テキストだけでは限界があるから、という文脈だったんです。

おおた　なるほど。

安浪　あと、**計算はやらないと忘れるんです**。今、教えている6年生の男の子は、1年生でG教材（中学1年生相当）まで進んでいたんですが、しばらく公文を休んでいる時期があって、5年生から私が中学受験算数を教え始めたら「通分」を忘れていました。計算も英会話と同じで、やらないと忘れてしまうんです。

ライトノベルでは国語力は身につかない？

おおた　計算力と並ぶ基礎学力といえば、国語の「読解力」ですが、読書と読解は別だとよく言われますね。たしかに東大や京大の理系出身者・医学部出身者で、まったく読書習慣がなかったという人はたくさんいます。

安浪　「読書しないから、ウチの子、国語ができないんです」とみなさん言われますが、結局、国語で点数をとるのは読解技術だよ、という話なんですけどね。

おおた　なんだか読書しないとマズイという雰囲気があるけれど、勉強できる人たちが皆読書家かというと決してそうではない、とは僕は経験的に思っています。とはいえ、小さい頃から本を読むのが得意で苦じゃない子は、テストで有利だろうなと思いますね。それは当然で、ペーパーテストが、印刷された活字を読んでそれに対して文字で解答する、紙の上でのコミュニケーションを前提としている以上、文字を読むことに慣れているのは有利。サッカーするうえで足が速いと有利になるのと同じくらいの、ベースの力としてね。

読書だけでは国語の成績は上がらない

安　浪　たしかに、それはあると思います。

おおた　受験勉強からはちょっと離れてしまいますが、そういう今の活字文化が、『グーテンベルクの銀河系　活字人間の形成』（みすず書房）という分厚い本に書いてあるんです。要するに、グーテンベルクが活版印刷を発明したことによって、活字が世の中を支配している、と。今はペーパーテストによって人の能力や知性をはかるから、読書ができることが有利に働いているけれど、もしかしたらこの先は、耳から入ってくる情報、映像から得る情報を処理できる人が有利な世の中になる可能性もあり得るわけです。受験のことを考えると**「なんとかして読書習慣を身につけさせなきゃ」と親は思いがちですが、読書が好きじゃない子は当然います。その子には、その子なりの知性の伸ばし方があるのかもしれない。**「うちの子、読書しないから、頭が悪いんだ」と思う必要はないと思っています。

安　浪　読書といっても、国語の点数を上げたいなら何でも読めばいいってもんじゃない。入試に直結するのは、ライトノベルじゃなくて文学作品です。

　ライトノベルは登場人物が小学生や中学生で、自分の生活範囲と一緒だからわかりやすい。でも文学作品

読書は、
想像力を働かせる訓練

は、主人公がおじいちゃんだったり、時代設定が戦時中だったりして、やたら想像力を働かせないといけない。「読書習慣」といっても、どんな本を読んでいるかによってその子が得るものがまったくちがうんです。だから、本を読むのが好きという子がいると、私はいつも「で、どんな本、読んでいるの?」と聞きます。

過去問や塾のテキスト、公文などの国語の教材がいいなと思うのは、自分で読むものを選べない、ということなんです。与えられたものを想像力を駆使して読むから、ありとあらゆるジャンルのものを読む訓練になっていくんです。過去問には、小説から随筆や詩まで、いろんな内容が載っていておもしろいですよね。

■過去問集は売り切れるから、早く買ったほうがいい?

おおた　過去問集は本当におもしろいですね。ちょっと興味のある学校の過去問を読んでいて、「あっ、ここの学校の問題ってなんか楽しい」と子どもが感じられることは、かなり重要だと思います。いや、「楽しい」とまではいかなくても「あんまりイヤじゃないな」と感じられればいい。それは学校に入ってからも、その校風になじみやすいかどうかのリトマス試験紙的なものじゃないかと思います。

安浪　はい、それはありますね。「コロナ休校中、時間があるから、いろんな学校の過去問を解いて〝相性〟を見たほうがいいですか？」という質問がわりとあったんです。

でも、1つ言わせてもらいたいのは、**過去問を解いて、相性がよいか悪いかがわかるのは、6年生の秋以降ということ**。それ以前に解いても、相性の「あ」の字もわからないはずです。すごく行きたい学校があって、どうしても早い時期に過去問を解きたいのであれば、子どもではなく、親が解くのがいいと思います。過去問集はすぐに売り切れてしまうので、早く買いたくなる気持ちもわかるのですが……。

まずは親が解いて、その学校の傾向をみる

おおた　過去問集、そんなに早く売り切れちゃうんですか？

安浪　増刷しないから、書店からすぐ消えてしまうんです。早いうちに過去問を買って、「やってもいいこと」といえば、国語の問題に親が目を通すこと。国語でどういう文章を出しているかで、その学校のスタンスがわかります。

■低学年ほど好成績、やがて失速しやすい「フェイク学力」

おおた　小学校のテストで何点とれれば中学受験に「参戦」できるか——というテーマがありますが、目安としては、ほとんど100点で、たまに80点をとるくらいでないと上位校を目指すのは厳しいというのは現実だと思います。

安浪　**80点とれないような子は中学受験をする資格がないかというと、それはちがうんじゃないの？　というところもあると思いますけど。**

おおた　はい、その子の中学受験のあり方を理解してくれる人さえいれば、その子なりの中学受験の伸び方ができるはず。「うちの子は後で化けるかもしれないから、高校受験を選んだほうがいい」と言うこともあるけれど、そうなるとも限らない。普通の公立中学に行っていたらもっと大変だったかもしれない、というケースもあります。

中学受験するか、高校受験するかは、結果的にどちらが偏差値の高い高校に入れるのかという価値観に落とし込まれやすいけれど、「子どもに合った学校に入れればいい」という受験をするのであれば、どちらにしてもやり方はあると僕はとらえています。

より偏差値の高い学校へ行くのが「目的」でいい？

安浪　子どもの学力が伸びる時期もまちまちで、4年生あたりは学力をはかるのが難しい時期ですからね。

おおた　**5年生あたりまで丸暗記で点をとっている「フェイク学力」**（p77）にも触れておきましょう。ここで登場しているMちゃんは6年生になってどんどん成績が下がっていったという話がありますが、たぶんMちゃんは丸暗記の勉強法をするしかない子だったんでしょうね。Mちゃんは、中学受験で難関校に入るような学力をつける勉強スタイルには向いていない子だったんだろうなと思う。そういう個性をもともと持っていた。

安　浪　真面目で黙々と勉強するタイプですね。

おおた　そう、真面目だからこそ、一生懸命、目先の点数をとることをがんばって、それが裏目に出ちゃった。**スタートだけはよくて途中で失速するランナーのようだけど、そういう子には、そういう子の人生の歩み方があると思う。**つまり、Mちゃんはダメな子かというとそんなことはなくて、それだけで人の価値は判断できないよ、と付け加えたいですね。

安　浪　このMちゃんみたいな子はけっこう多くて……。実は、こういう子ほど、しっかりと丁寧に教えればちゃんとできるんです。**勉強のやり方を知らないんです。丸暗記することが勉強だと思っているから。**だから、プロをつけて基本からやり直すとか、塾でいい先生に出会うといった「ちがう勉強のやり方」を教えてもらう

「ちがう勉強のやり方」に出会えるか

ことがカギになるんです。

おおた　なるほど。僕はどんな勉強法をしていても、それを1つの個性と認めるといった話をしましたが、でも一方で、単に勉強法を知らないだけかもしれない。指導さえ受ければ変わるかもしれない、と。

安　浪　変わるんです、こういう子たちは。

おおた　このMちゃんの勉強法が個性ではなくて、親が目先の点数をとらせることに一生懸命になっているから子どもがそうせざるを得なくなっているとしたら、たしかにそれは不幸だと思います。

■「目先の点数」にとらわれる親が生んだ不幸

安　浪　実際のところ、親が目先の点数をとらせようとしてやっているんです。

おおた　そうですか……。子どもはどうしたらいい点数をとれるか、先のことは考えずに瞬間的に効果の高い勉強法を選んでしまうから、丸暗記の勉強法が身についてしまう。それは親の責任だと思います。親が自分の胸に手を当てて、思い当たる節があるのなら、考え直してほしいですよね。

安浪　丸暗記の勉強法をする子にも2種類います。親がやらせている子と自分で考えてやっている子。この両者では、中高に上がったときに学力の伸び方がちがうんですよ。

おおた　そうなんですか。

安浪　**中学受験でどちらの子が受かりやすいかというと、親がやらせている子です。**基礎の「き」がわからなくても、難しい問題は反射的にパンッと正解を出せるくらいやりこんでいるから、最難関校を目指して猛勉強させる家庭は、この「力技」で難関校に案外合格させることができちゃったりするんです。**このやり方の一番不幸なところは、中高に入ってもその「力技」の勉強法をし続けないと、点がとれないということ。**子どもは中学に入ってラクになりたいと思っているのに、親子でそれが成功体験になってしまい、この勉強法をさらに加速させないといけないから疲れ果ててしまう。反抗期も始まるし、本当にかわいそうです。結局、学校をやめたり、大学受験で3浪、4浪したりしてしまうんです。

丸暗記勉強法には2種類ある

一方、「暗記勉強法」を自分で確立してきた子は、先生であれ本であれ、正しい勉強の仕方と出合って軌道修正をかけることができます。

限界のある「力技」勉強法のリスク

特に、主体性が育つ中学校時代に自分の力で勉強方法を確立できるのは大きな財産ですよね。

■対象的な勉強法の二人が、同じ中学に合格……

おおた　対照的な勉強法をしていた、きょうこ先生の教え子二人の話も印象的でした。長時間コツコツ型のHちゃんと、勉強時間の短いY君。ちょっと気になったのは、Hちゃんのほうがたくさん勉強したけれど、結局Y君と同じ学校に合格したという部分だけを見ると、世間一般的にはHちゃんのほうが「残念ちゃん」に思われちゃう可能性があるかなということでした。

安　浪　Hちゃんはすごくがんばって第1志望に合格したんです。「残念ちゃん」に見えますか？

おおた　世の中的には、少ない労力で高い結果を得たほうが優秀だという価値観があるじゃないですか。「コスパ」という言葉を使ったりするけど、でも、そういうものじゃないよね、と言いたい。

Y君はY君でこのままでいいと思うけれど、Hちゃんは Hちゃんのやり方で自分の望みを叶えたわけだから、胸を張れることだし立派だよね、と思う。それぞれの経験があって、それぞれ受験で得たものがある。でも読んだ人からすると、Hちゃんのほうが損をしていると思う人もいるんじゃないかと……。

安　浪　実は、Y君は当時、家庭環境も不安定で、学校にもあまり行かず、ゲーム依存になっていたんです。それでも短期集中でチャチャッと受かってしまったので、私はひそかに「中学に入って苦労するんじゃないか……」と心配していたんです。一方で、Hちゃんは、「楽しい中学校生活を送れるだろうな」と、何の心配もしていなかった。

後日談としては、Hちゃんは予想どおり、入学後もコツコツ勉強していますし、学校も楽しんでいる。そして、Y君はというと、実はそれなりに楽しくやっていると聞いてホッとしたんです。

おおた　それはよかった。

■短時間集中勉強で要領よく受かったY君の「後日談」

安　浪　Y君のように要領よく勉強して中学に入ってきた子って、勉強を舐めちゃって落ちこぼれる子もいるんですよ。まわりの子はすごく勉強して学習スタイルを確立できているから。でもY君は第3志望のその学校がすごく合っているみたいで「学校楽しい」と。一念発起して英語をがんばり始めたらしいです。興味のある科目も受験勉強といわれると投げ出したくなりますが、英語はまっさらな科目だから、素直に興味を持てたんだと思います。

第3志望の中学入学後「英語」に意欲的に！

おおた　ああ、いいですね！

安浪　私がこの二人の話をセミナーでする理由は、「コツコツ真面目にやれば努力が報われるというわけじゃないよ」ということを言いたいからです。世の中は不公平なんですよ。**中学受験は、努力が報われるわけでもないし、同じ時間、勉強したからといって同じ結果が出るわけでもない**。だからこそ「何のためにそこまで勉強させるのか、中学受験期間を通して、お子さんにどのような価値観を得てほしいか、お持ちですか？」と親に問いかけているんです。

おおた　まさに対照的なケースですね。中学受験という経験のどこの部分に価値を見出すか。それが親子の財産として最終的に残ると思います。「ここはダメだった」と足りなかった部分に焦点を当てるのではなく、**100パーセント思いどおりになったわけじゃないかもしれないけど、その中で、「自分たちはこういう経験や思いを得ることができたよね」と思えたらいい**。親がその経験を前向きにとらえていれば、自然に子どもにも

受験後に、変わる親とは？

伝わると思います。心理学ではその意味づけを「リフレーミング（物事を見る枠組みを変えることで別の視点を持たせる）」というけれど、それを親がしてあげるのが重要なサポートかなと思います。

安　浪　当時は嘆いてばかりだったY君のお母さんが今は、「息子と一緒にごはんを食べられるだけで幸せです」とおっしゃっていて、それを聞いて本当にうれしくて。

おおた　たぶん、親としての視点が上がったんだと思います。「ああしろこうしろと子どもを操作するものじゃない」とか、「今、目の前にいる子どもを大切に思うことが前提なんだ」と感じたからだと思う。

受験家庭のタイプで「スタンダード型」（p73）の説明にありましたが、僕は、親が「つねに迷っている」というのは、親の姿勢として正しいと思います。**葛藤しながら、ああでもないこうでもないとさじ加減で苦労しているのは、本来あるべき親の姿なんです。**その中で親も成長しているから、親が迷っていることは悪いことじゃないよ、と付け加えておきたいと思います。

第3章

塾業界の「マッチポンプ」構造

塾を使い倒す新常識

中学受験と塾はワンセット。
受験勉強のスタートは、塾に入ること。
……という「常識」は、かつての常識となりつつあります。

塾におまかせしておけば安心という時代は終わり、
塾を含めた数多くの選択肢から、
子どもに合わせてカスタマイズする時代になったのです。

本章では、大手4大塾の特徴をとらえ直すとともに、
「非常時」における対応を検証し、
これからの塾とのつきあい方を考えていきます。

入塾はいつから？
宿題が終わらなかったら？
カリキュラムに乗り切れなかったら？

今、あなたが直面する「塾の悩み」を解決します。

迷信11

塾に通わないと合格できない

安浪京子

第2章で「**中学受験は、義務教育とは内容もレベルも大きくかけはなれた出題がされる**」とお話ししました。ハイレベルで広い出題範囲に対応する力を、入試までの限られた時間内で習得せねばならないわけですから、戦略的な学習カリキュラムが必要であり、そのためには「中学受験」に精通していなければなりません。そういった意味からも、「中学受験をするなら塾通いは必須」と言われています。

塾とひとくちにいってもさまざまですが、ここでいう塾とは「中学受験専門の大手塾」。関東ならば**サピックス、四谷大塚、早稲田アカデミー、日能研**。関西ならば浜学園、馬渕、能開センターといったあたりになります。ターミナル駅で教室の看板を見ることもあれば、いろいろな場所でポスターを見かけたこともあるのではないでしょうか。

大ヒット漫画『二月の勝者』（高瀬志帆／小学館）では、冒頭で主人公が「君たちが合格できたのは、父親の『経済力』、そして母親の『狂気』」と言い放ち、中学受験をめぐる塾の内情と家庭のドラマが展開されました。実際の現場は漫画の内容よりはるかに大変なことも多いですが（笑）、ここに登場する受験生も全員、大手塾に通っている設定となっています。大手塾がなぜ中学受験に強いかといえば、

①戦略的な学習カリキュラムと独自テキスト
②レベルに応じた授業の展開
③頻繁に実施するテスト
④入試の傾向分析と対策手法
⑤最新の入試動向
⑥学校の情報やパイプ

を持っていることに加え、中小塾とちがって在籍生徒数が多いことから、

⑦自分の立ち位置を把握しやすい
⑧切磋琢磨できる仲間が多数いる

という点が挙げられます。では、これらがなければ進められないのでしょうか。

私はプロ家庭教師なので、塾に通わないご家庭もたくさん指導してきています。よって、③と⑧以外はすべて対応できます。

「③頻繁に実施するテスト」に関しては「では、家庭教師が毎週テストを実施すればいいのでは？」という声も聞こえてきそうですが、ことはそう単純ではありません。大手塾の子たちは、授業前テスト、確認テスト、復習テストといった膨大な量のテストを「⑧切磋琢磨する仲間」の中で受け続けています。隣の席の子との交換採点、点数によって決まる席順などを通し、自分の点数が知れ渡るという辛さを同時に経験しているのです。そういった経験からテストに対する「勝負強さ」が養われます。**一発勝負の入試は、学力だけでは合格できないのです。**塾に通わない子は、仲間がいなくても孤独に勉強を進めていく強さと、頻繁に外部模試を受けて試験慣れしていく経験が必要です。

しかし最近、大手塾に頼らないご家庭が増えてきました。

1つには、勉強の仕方が多様化したことが挙げられます。今やどの家にもパソコンかタブレットがあり、塾に通わずともさまざまな授業動画を見られるようになりました。また、学習レベルに応じた参考書や問題集も毎年出版され、ネットでその評判を知ることができます。さらに、個別指導や家庭教師に対する考え方もハードルが下がり、利用する家庭が増えてきました。

別の理由として72ページでも述べたように、中学受験に対する価値観の多様化も挙げられます。かつては塾の言うことは絶対で、授業の特訓コースをすすめられたら断れず、入試日程（出願する学校）も塾のいいなりという家庭がほとんどでしたが、今は「うちにはうちの考えがある」と、家庭が意思を持ち始めたのです。

その結果、コロナ禍前に実施された**２０２０年入試では、塾がすすめた従来型パッケージどおりに受験した家庭で不合格が続出しました**。自分で足を運んで学校情報を仕入れ、偏差値に頼らない学校選びをする家庭が増えたために、塾の読みが外れたのです。

そして、コロナ禍による緊急事態宣言。大手塾はどこも休塾せざるを得ず、授業もテストも実施できなくなりました。こうなると、③⑧のアドバンテージも意味がなくなります。

もともと、大手塾には「テキストは上位層向け」「志望校対策コースは難関校しかない」

「一対多のため、きめ細かいサポートは期待できない」といった不文律があり、「大手塾に通わせている以上は仕方がない」「下位クラスにいるウチが悪い」とあきらめを持つご家庭がたくさんありました。

しかし、**大手塾がつくり上げてきた従来の学習スタイルが、コロナ禍を境に崩れ始め、従来のスタイルに異を唱える声が上がり始めました。**「中学受験は完全に個人カスタマイズ型となり、大手塾はなくなる」と分析する人もいます。

従来型の学習スタイルを追い求めるのか、新しい学習スタイルを構築するか――ここに正解はありません。大切なのはわが子に合う学習スタイルを見つけることであり、「なぜ中学受験をするのか」を明確にしておかねばそれを見つけることはできません。

Point

- 中学受験の雛形は大手塾がつくってきた。
- 中学受験に対する価値観が多様化し、大手塾の枠組みに限界が生じ始めている。
- わが子に合う学習スタイルを構築するには、中学受験の目的の明確化が必須。

迷信12

低学年から塾に入らないと勉強で遅れをとる

安浪京子

私が中学受験業界に入った20年以上前は、中学受験の勉強のスタートは5年生でも十分間に合いました。テキストも4年生の間は泳がせておくような簡単な内容で、受験に必要な本格的な内容は5年生のテキストからでした。

しかし、いつからか大手塾は4年生から本格的な内容をスタートするようになり、「4年生（正確には3年生2月）から塾に入らないとついていけない」といわれるようになりました。

その結果、難関中学への合格実績を誇る一部の大手塾では、4年生途中からの入塾がかなり困難になりました。というのも、入塾テストにはすでに塾で扱っている内容が出題されるからです。まだ見たことも聞いたこともない「つるかめ算」や「おうぎ形の面積」を初見で、しかも制限時間内に解ける子はほとんどいません。

さらに最近は、少子化による早期囲い込み戦略もあり、「中学受験は3年生から」とキャンペーンを打つ塾、「**2年生から入塾しておかないと席が確保できない**」校舎も増えてきました。こうなると、「中学受験するなら1日でも早く塾に入れないと！」と焦る気持ちもわかります。実際、ここ数年は「3年生では最寄りの校舎に入れないので、2年生のうちから入れておくほうがいいのでしょうか……」という1、2年生の親御さんからの相談が増えてきました。

でも、これはあくまで塾都合の話です。むしろ、塾が早期囲い込みをするために、ポテンシャルは高いが中学受験に関してはまっさら、という子が5年生から入塾できなくなりました。ポテンシャルの高い子は、スタートが周囲から少しくらい遅れていても、すぐに追いつき、追い抜き、そして最難関校や難関校に合格していきます。かつては塾の合格実績もこういった子たちに随分助けられてきましたが、今はこのようなケースが少なくなりました。

さて、塾都合の早期スタートは横に置いておくとして、中学受験の勉強を始めるのは早ければ早いほどいいのでしょうか。

T君は2年生からサピックスに通っていました。**低学年のうちは塾生もクラス数も少なく、楽しく上位クラスに在籍していましたが、4年生から成績が下がり始め、6年生は一番下と下から2番目のクラスを行ったり来たり。**5年間にわたる塾生活に飽きてモチベーションが保てなくなり、「勉強をやらされている」惰性状態で入試を迎え、中堅校に合格しました。

N君は幼少期から奨学社、2年生から希学園に通っていました。お母様が非常に熱心に勉強をさせていたので3年生の終わり頃までは最上位クラスにいましたが、親子関係が悪化し始め、4年生半ばから成績が下がり、5年生で浜学園に転塾。そこでもクラスを上がることができず、最終的に個別指導とプロ家庭教師に切り替えました。何とか難関校に合格したものの、勉強についていけず中学1年の夏休み前に学校をやめました。

Mちゃんは、6年生の9月に中学受験を決意しました。お父さんは「今から勉強しても行ける学校などない」と反対しましたが、お母さんはMちゃんを応援。10月から個別指導塾に週2回通い、朝6時起床、23時就寝で勉強漬けの日々が始まりました。9月に初めて受けた模試の偏差値は40でしたが、お風呂でも社会の知識モノを勉強する徹底ぶりで、難関校に合格。学校を休んだのは1月入試日とスキー合宿、そして入試直前1週間のみでした。

T君、N君、Mちゃんは、何も特別な例ではありません。スタートダッシュが早いと、最初は周囲に対して優位となります。まだ九九を知らない1年生の中で、スラスラ九九を暗唱する3歳児、といったところでしょうか。しかし、2年生になればほぼ全員が九九を言えるようになります。すぐに追いつかれるのです。

最難関校に強い塾に早いうちから通っている子が、費した時間と比例して成績が上がるわけでも、優先的に難関中学に合格できるわけでもありません。3、4年生の間に上位クラスにいるからといって、そのクラスが6年生まで維持されるわけでもありません。

もちろん先取り学習をしていれば、周囲がそこまで到達していないうちは演習を積んでいるぶん有利に働くことはあります。しかし、子どもの学力に合わせた問題をきちんと咀《そ》嚼《しゃく》して解くほうがよほど大切です。先んじてまったく理解できない応用問題を丸暗記したところで、公開テストの順位が数回上がる程度で、入試ではまったく太刀打ちできません。

「小さいうちは家庭で何をさせれば良いですか?」という質問をたくさん受けますが、**「何をさせるか」という〝内容〟よりも大切なのは「学習習慣をつけること」と「学習した内容が根を張ること」**。ここに視点をシフトしてほしいと思います。勉強は特別なことではなく、毎日やるのが当たり前だという家庭の空気感を作り、お子さんを「フェイク学力」まみれにしないことです。そのうえで何に取り組むかは家庭によりますが、**ちょっとがんばれば正解できるレベルのものを少しずつ、がコツです**。理解できない先取り学習を大量にさせたら勉強嫌いになるのは想像がつきますよね。もちろん、勉強が大好きな子には、やりたいだけ取り組ませてあげてください。わが子がどちらの状況にいるかは、親の色眼鏡や理想鏡を取っ払ってちゃんと見れば、判断がつくはずです。

Point

- 入塾時期が低学年化したのは塾の都合であって、遅れをとるわけではない。
- 早いスタート、先取り学習は、すぐに追いつかれる。
- 小さいうちは「学習習慣」と「根を張る学力」を大切にすべき。

迷信13

塾の宿題はすべてこなさないと合格できない

安浪京子

宿題の量は塾によって異なります。宿題をほとんど出さない塾もありますが、ほとんどの塾が小学校とは比べものにならない量の宿題を出します。それもそのはず、学校の延長上にある高校受験、大学受験と異なり、中学受験は一から学ばねばならない分野が多く、さらにそれらを定着させるのは容易ではないからです。

塾に通っている以上は「出された宿題を終わらさねば」と思うのは至極当然で、真面目な子であればすべて終わらせようとがんばりますし、「宿題を提出しないと先生に怒られる」という恐怖心から取り組む子もいます。しかし、それ以上に多いのは、子どもではなく親が焦ってすべて終わらせようとするケースではないでしょうか。

そして、いざ取り組み始めると出された宿題が終わらない。宿題が終わらないから、復習テストや模試の見直しにも手が回らない――3、4年生のうちは何とかなっても、学年が上がるにつれて、この「終わらない」ループに陥るご家庭が多くなります。

そもそも、なぜ宿題が終わらないのでしょうか？　そこにはいくつか理由があります。

①量が多い

塾では授業内容の復習と定着をはかるために宿題が出されますが、先生には理想の課題量というのがあります。それが1科目のみならいいのですが、これが4科目となると……

物理的に1週間で終わらせることのできない宿題量となります。

まして、塾の先生は子どもたちが毎日学校に行き、週のうち半分は塾に来て、その残り時間で宿題に取り組まねばならない現実にまで思いは馳せてくれません。

②子どものレベルに合っていない

塾のテキストは上位クラス向けに作られており、テキスト、あるいは解説を読んで理解できる子はほとんどいません。そのテキストを元に先生がより詳しい解説をするのが塾の授業です。

塾では理解できたつもりでも、家に帰っていざ宿題にとりかかると「どう解くんだったっけ？」となり、テキストの解説を読むと、「あれ？　先生の教え方とちがう……」となる。

こんなときは、どれほど気合を入れようとも、いくら時間をかけようとも宿題を終わらせることはできません。何かしらのサポートが必要です。

③時間効率が悪い

机には座っているけれど、あの子、いつになったら集中して取りかかるんだろう……大きくうなずかれている親御さんも多いと思います。

入念に1週間のスケジュールを立て、予定どおりの時間に机に向かったとしても、**子どもはそうそう都合よく集中力のボタンをONにはできません**。好きな科目や理解できる単元ならば鉛筆が動きますが、そうでない場合はだいたいボーッとしていて、確保していた勉強時間内で予定の半分も宿題が終わっていないということになります。

もちろん、すべての宿題を終わらせているご家庭はあります。

1つは72ページでも述べた「アスリート型」。これは説明するまでもないですよね。

そして、もう1つは「消化型」。時間内に終わらせるためには、じっくりと考える余裕はありません。すべての宿題をこなすことが最大の目的なので、解答を横目で見ながら答えを写し、丸をつけて終わらせます。本人たちにとってはそれが「勉強」であり、親や塾に叱られないための処世術でもあるのです。

では、どうすればいいのでしょうか。

学力を最大限引き上げるためにもっとも大切なことは、勉強した内容がしっかりと根を張ることです。本質的な問題（＝基礎）にじっくり取り組み、本人の理解と納得を深めることです。

脳が覚えられる量には限界があり、新しい知識を詰め込めば詰め込むほど、それまでに覚えたことが抜けていきます。

そのためには「膨大な宿題をすべて表面的にこなす」のではなく、その単元の肝となる部分にフォーカスして、他は**「間引く」**のです。

実際、私も教え子が塾で指定された問題をすべて教えるようなことはせず、肝となる問題を重点的に扱います。

出される宿題には、本当に必要なもの、それほどでもないものが混在しています。何が大切か判断のつかない場合は、塾の先生に宿題の優先順位を聞きましょう。優先順位は時期によって変わり、4年生と5年生では当然異なりますし、同じ6年生でも夏休みと直前期では大きく変わります。

コロナ禍によって塾の形態も大きく変わりつつあり、きめ細かい指導やフォローが受けにくくなった塾もありますが、だからこそ、今まで以上に保護者から塾に要望を出し、全員向けのざっくりとした指示や無駄な宿題からわが子を守ることが必要です。

中学受験期に身につけたいのは「入試に対応できる力を育む」ことであり、「宿題をすること」ではありません。宿題だけでなく、お子さんの睡眠をいたずらに削ってしまうなど大局的な優先順位も見誤らないよう、つねに意識していただければと思います。

Point

- 塾から出される宿題すべてに取り組むのはほぼ不可能。
- 宿題を表面的にこなすのではなく、間引いて本質的な問題にじっくり取り組む。
- 大切なのは「入試に対応する力」であって「宿題をこなす力」ではない。

迷信14

子どもと相性のいい塾はどこかにある

安浪京子

「うちの子に合う塾はどこでしょうか？」

「子どものタイプ別塾選びについて教えてください」

カウンセリングでも、教育媒体からの取材でも、「塾選び」は切実なテーマとなります。

たとえば、関東でいえば「大手4大塾」は一般的に、

○サピックス
最難関を目指し、自分で勉強する習慣がついている子向け。プリント教材の管理や勉強のサポートなど、家庭の負担が大きい。ハイレベルでドライな塾。

○四谷大塚
難関〜中堅がボリュームゾーン。塾の拘束時間が長く、授業は唯一「予習型」で、タブ

レットも使う。「予習シリーズ」をはじめとしたテキスト展開や模試実施に力を入れている。特に強いカラーのない塾。

○早稲田アカデミー

近年、最難関・難関の合格実績を伸ばし、名前のとおり早稲田系に強い塾。質より量重視で、メインテキストの「予習シリーズ」にオリジナルテキストが加わる。体育会系で熱い塾。

○日能研

在籍生徒のレベル差が広く、中堅校・標準校を狙っている子が多い。何度も基礎を繰り返すテキストで、上位クラスと下位クラスで扱う内容のレベル差が大きく、クラスの下剋上が難しい。関東には2つの系列があり、本部系は主体性を重視したユルめな塾、関東系は合格実績重視のバリバリな塾。

このようなちがいがあります。しかし御茶ノ水や吉祥寺のようにあらゆる塾が集まっている地域に住んでいれば悩みようもありますが、実際は「近所に栄光ゼミナールしかないから……」といった理由で選びようのないご家庭が多いのも実情です。

また、塾によるカラーはもちろんありますが、それ以上に大きいのが「校舎」のカラー、そして**子どもにとってもっとも影響が大きいのが「担任」のカラー**です。結局どの塾にいようと、先生がアタリかハズレかがすべてであり、これればかりは選ぶことができません。

「5年生の算数の先生がすごく良くて成績が伸びたのに、6年生になったら開成コース担当の先生になって、授業がさっぱりわからず、あっという間に苦手になった」

ということもめずらしくありません。

よって、身も蓋《ふた》もない話をすれば、どの塾に行こうと、子どもにその塾が合うかどうかは〝運〟であり、よほどモラハラやアカハラがひどいというわけでなければ、「いま通っている塾で先生にかわいがってもらう努力をし、より良く取り組んでいく方法を考えることが大切」です。つまり、塾にある程度合わせていく必要がありました。

しかし、**コロナ禍による緊急事態宣言を受け、どの塾も不測の事態に直面しました。**

もともと海外在住生徒にZoom授業を提供していた**早稲田アカデミー**は対応が早く、いち早く授業再開をするとともに、自宅で解いた模試を写メで送るだけで従来どおりの採点ができるアプリを開発するなど、ご家庭が不安に思っているポイントと向き合い、具体的に解決策に乗り出しました。

一方、「何とか緊急事態宣言中をやり過ごそう」という塾は大きく出遅れて録画授業の配信を開始しました。クラスに関係なく全員が同じ授業動画を配信されるため、内容的に上位クラスの子には物足りず、下位クラスの子には難しくなります。また、自分の担任でなく、見知らぬ先生の授業というのも子どもにとって心理的なハードルが高くなります。

そして、緊急事態宣言期間が長丁場となり、録画授業だけの状況に不満を持った保護者の突き上げから、どの塾も「双方向授業」を導入せざるを得なくなりました。

しかし、**単に双方向授業を導入すればいいというわけではありません**。実際に双方向授業を実現しようと思えば、リアル授業と同様、自ずと少人数にせざるを得ません。しかし、多くの塾が複数のクラス、あるいは複数の校舎をまとめての双方向授業を始めました。300人や600人という規模は、大学の大講義室をしのいでいます。

さらに**ある大手塾は、もっときめ細かく対応せねばならない算数のみ双方向授業なし**という驚きの対応をとり、ご家庭の不安と不信感に拍車をかけました。

みなさんからすれば「なぜきめ細かく対応してくれないのか」と当然思いますよね。もちろんオペレーション上の都合もあるでしょうが、営利を追求する企業からすれば、大人数まとめて一斉配信するほうが人件費（講師の授業料）が浮きます。そういった塾のスタンスに翻弄されるのではなく、カリキュラムやテキスト、テストを「うまく利用する」という視点を持つことがこれから大切になってきます。

そして、〝相性のいい塾〟という「箱」を探すのではなく、リアルであれオンラインであれ、演習であれ探究であれ、わが子を伸ばす「場」を見つけることが、中学受験に限らず、これからすべての学びにとって必要な価値観になってくるのではないでしょうか。

Point

- 塾にはカラーがあるが、それより大切なのは「担任」。
- 塾に翻弄されるのではなく「うまく利用する」という視点を持つ。
- 相性のよい塾という「箱」ではなく、わが子を伸ばす「場」を探す。

迷信15

志望校は模試の偏差値で決める

安浪京子

E君のお母様からカウンセリング依頼があったのは6年生の春。本人の志望校は、野球の強い早稲田実業（以下、早実）です。メールには「以前受けた模試の偏差値が63だったので、本人もやる気になっています」という文言が添えられていましたが、「一体、どの模試の偏差値だろう」と気になりました。

中学受験を目指す小学生が受ける大型模試は、関東も関西もそれぞれ4種類あり、関東の4大模試は次のページの表のようになっています。

この表を見ると、**早実とひとくちにいっても、模試によって偏差値に20近い開きがある**ことがわかりますよね。

実際にカウンセリングで話を聞くと、E君の偏差値63は「全国統一小学生テスト」の国語偏差値とのことで、算数偏差値は56でした。「全国統一小学生テスト」は、四谷大塚が

関東の4大模試

塾	問題の難度	母集団	早実の偏差値
サピックス	最難関校、難関校向け	上位層が主	56
四谷大塚	最難関校～中堅校向け	上位層～中位層が多い	63
日能研	難関校～標準校向け	中位層が多い	66
首都圏模試	中堅校、標準校向け	中位層～下位層	73

※すべて2020年の入試結果を元にしたもの
※難度順に最難関校、難関校、中堅校、標準校と分類

入塾生を確保するために無料で実施しているもので、4大模試とくらべると内容はかなり簡単であり、中学受験に向けて大手塾に在籍して勉強している小学生は基本的に受験しません。

話が脱線しますが、中学受験と高校受験、大学受験の偏差値は同じ「50」でも、レベルは大きく異なります。というのも、受験者層が異なるからです。

中学受験は全国の同世代の約7パーセントしかチャレンジせず、しかも受験生は公立小学校のトップ層がほとんどです。一方、高校受験をするのは中学卒業生の97パーセント以上、大学受験は高校卒業生の約半数となります。実際、**大学進学実績を見ると、中学受験**

偏差値40の学校と、高校受験偏差値60の学校が肩を並べます。そのため、中学受験をしたことがない親が「偏差値50以下の中学校なんて受験する意味がない」と言うのは非常にナンセンスなのです。

話を戻します。E君は公立小学校のトップが集まった上位7パーセントの中で難関校を狙うことになります。しかし、E君もお母様も「塾に通っていないのに偏差値63ならば、今から勉強すれば早実は楽に合格するのでは」と軽く考えており、相談内容は「算数は個別指導に通うが他科目は親が勉強を教えるので、いいテキストを教えてほしい」というものでした。早実を目指すにはそれなりの勉強が必要であることを説明しましたが、偏差値63が頭から離れないようです。そこで、現在のE君の立ち位置を把握してもらい、地に足のついた勉強を進めてもらうために、サピックスの模試を受けてもらいました。国語偏差値が40、他3科目はすべて30台という現実に直面し、「勉強の進め方を再考します」とご連絡をいただきました。

しかし、偏差値はあくまで目安です。Fちゃんの第1志望は「横浜雙葉（四谷大塚偏差値55）」、第2志望は「湘南白百合（47）」でした。11月と12月の模試の結果は「横浜雙葉

／D判定」「湘南白百合／B判定」。この模試では、合格可能性が80パーセント以上だとA判定、次いでB、C、D、Eと合格可能性が低くなっていきます。

しかし、いざ過去問を解き始めると、**横浜雙葉は6割程度得点できますが、湘南白百合の問題は半分しか得点できません**。Fちゃんもご両親も「第2志望なのに！　B判定なのに！」とパニックに陥りました。

H君は第1志望の芝がD判定でしたが、過去問では合格最低点を上回っていました。しかしご両親は「過去問で点数がとれても、模試でD判定ならば、志望校を変更するほうがいいのでは」と悩まれていました。

結論からいうと、**6年生の秋以降は模試ではなく、過去問の点数を信用すべきです**。模試は、レベルも志望校も多岐にわたった男子と女子が受けますが、実際の入試問題は学校によって出題傾向が大きく異なります。最難関校と難関校でも、男子校と女子校でも異なります。よって、中堅校を受験する子がサピックスの模試で点数が取れなくても、それほど気にする必要はありません。思考力と記述力が必要とされる最難関校を受験する子が、典型題がメインで記述解答のない首都圏模試でA判定をとっても意味がありません。

Fちゃんの例でいえば、湘南白百合は偏差値や受験する層にくらべ、入試問題がハイレベルすぎます。つまり、みんな得点できず、実際は5割とれていれば合格できるのです。ましてＨ君は志望校を変更する必要はまったくありません。

さらに、コロナ禍により2020年3月以降の模試は自宅受験となりました。周囲の目がないため、テキストをチラ見するのはもちろん、寝転んだりテレビを見ながら解いた子もいたとのこと。今後も自宅受験模試が増えるかもしれませんが、こんな状態で実施された模試の偏差値など、一切アテになりません。塾では偏差値でクラス分けがされるため、偏差値の1ポイントに一喜一憂する気持ちもわかりますが、偏差値は絶対的なものではなく、水物でもあると一歩引いて見てください。

Point

- 模試によって、学校の偏差値は大きく異なる。
- 偏差値50の難度は、中学受験・高校受験・大学受験でまったくちがう。
- 最終的な志望校の決定は、模試の判定ではなく過去問の出来。

おおたとしまさ×安浪京子　対談3

コロナ後に見える中学受験の「新スタイル」

おおた　コロナの非常時下で、私立中学の「らしさ」が浮き彫りになったと第1章でお話ししましたが、中学受験の大手塾の対応もそれぞれでしたね。

安浪　緊急事態宣言下の首都圏大手塾の対応を書きましたが、その後も状況はどんどん変化しています。

コロナ禍で見えた大手塾の「らしさ」

おおた　「オンライン授業に関して、もっとも対応が早かったのは『早稲アカ』です」とありますが、挙げてもらった4大塾の中で、早稲田アカデミーだけが中学受験専門ではないですよね。だから、動きが早かっただけなのでは？

安浪　サピックスにも高校受験部はありますが、四谷大塚と日能研は中学受験専門ですね。

おおた　サピックスの高校受験部は、中学受験部とはまったく別組織ですよね。同じ校舎で小学生も中学生も教えるという意味で多角経営をしているのは早稲アカだけだから、今回、対応の早さに結びついたのかなという見方もできると思うんですよ。

■日能研は2つある？――大手塾、どこにアプローチするか

おおた　4大塾の特徴がきょうこ先生らしい言葉でまとめられていましたが（p119）、僕が補足しておきたいのは、日能研について。日能研には「本部系」と「関東系」があって、それぞれちがう法人が運営しています。2つの法人が同じ看板を掲げて混在しているのは首都圏だけ。九州とか中国地方では法人が地域によって分かれている、そんな組織になっています。

安浪　ここで日能研を「ユルめ」と書いたのは、テキストのつくりとか志望校対策の曖昧さでそう表現したのですが、ちょっときつかったでしょうか。「ほっこり」とかのほうがいいでしょうか？

おおた　きょうこ先生ならではの表現でいいと思いますよ。本部系を「ユルめ」、関東系を「バリバリ」と書かれていますが、たしかに本部系と関東系では教室の雰囲気にもちがいがあるようです。クラスをR、G、Wの名称で分けるのが本部系、MとAで分けるのが関東系です。

安　浪　はい、そのちがいは、ベストセラー教材の「予習シリーズ」をつくっている四谷大塚と、その教材を使っている早稲アカくらいちがうということでしょうね。

おおた　何も知らない人は「早稲アカが使っている『予習シリーズ』って、四谷大塚のテキストと同じなの？　え、別なの？」と思うかもしれないけれど、早稲アカは四谷大塚準拠塾なんです。

安　浪　教え子に四谷大塚に通っている子がいるんですが、私の印象では、四谷大塚って、塾のカラーがあまり感じられないんです。授業が特別優れているわけでもなく……。

おおた　**四谷大塚の合格実績も、「予習シリーズ」を使っていた早稲アカの子たちの実績が含まれている**から、実際のところ、四谷大塚の直営校の合格者がどれくらいいるのかわからないですね。

四谷大塚の合格者数の不思議

■「大手塾ありきの中学受験」じゃなくなる？

おおた　コロナで塾が授業のやり方を変化せざるを得ない状況になっています。そこで気になるのは「大手塾ありきの中学受験」が、このコロナでどう変わっていくのかということです。

安　浪　私の立場的に、「塾に行かなくても中学受験できるよ」と言うと、家庭教師の宣伝と思われるところがあり、そうかといって「塾に行こう！」と言うと、塾が合わない家庭もあるから……ここはいつも悩ましいところです。基本的に、**塾に行っていない子は、小テストや集団授業がないため戦い慣れていないことが弱点になり得るのは事実です。**

それを踏まえて、普段は「塾は集団で戦う力を養うことに意味がある」と書くけれど、今回はコロナで休塾中でもあり、そう書けませんでしたね。

おおた　なるほど。集団塾に通うことはマラソンと同じで、過酷な状況だからこそまわりにランナーがいない中で一人で走り続けるのは難しい、と。それが勝負であれば、なおさら駆け引きも含めて皆で一緒に走っているほうが有利だ、というのが今までメリットとしてあったのですね。

集団塾のメリットがなくなった？

安　浪　コロナの状況で、そのメリットが失われた。大手塾ならではのカリキュラムやノウハウが発揮されなかったし、指導についても、集団塾の良さが機能しなかったんです。

■大手塾はどんな「オンライン授業」をしていたか

おおた　「集団塾の良さが機能しなかった」というのは、具体的にどういうことですか？

安浪　先生たちがクラス別に「リアルな授業」ができなかったということです。集団塾の長所は、子どものレベルに応じたリアル授業での丁々発止のやりとりや、机間巡視して子どもの様子を見たりできていたこと。オンラインではそこまでできないし、かといって、リアルでやっていることをそのまま持ってくればいいわけでもない。オンラインはオンラインのやり方があります。

おおた　実際にオンライン授業を受けた子どもたちはどんな反応をしていたのでしょう？

安浪　Ｚｏｏｍの双方向授業を受けた家庭に話を聞くと、「双方向じゃなくていい」と言っているんです。各クラス、何曜日の何時からと決められて、自由が利かなくなる。**「これならわかりにくくても映像授業を好きなときに見て、好きなときに止めて勉強したほうがいい」**という家庭が一定数ありました。

おおた　Ｚｏｏｍ授業は、最初は物めずらしいから食いつくけれど、続けていくのは難しいですね。

安　浪　「Ｚｏｏｍは皆の顔が見えるじゃない？」と言うけれど、顔しか見えないんです。「用意、始め！　問題を解いて！」となったとき、皆、下を向いてしまう。

教室では、皆一緒に問題を解いている感覚があるんですよ。隣の子の鉛筆が動いていたりする、そういうものが得られないと戦いにはならない。それを補完する何かをオンラインでは提供する必要があると思います。

Ｚｏｏｍで見えるのは生徒の顔だけ

おおた　塾の先生から聞いたのは、普段、教室で授業していると、教科書の下線を引きながら読んでいくのについて来られない子がいるけれど、画面で文章を出しながら読んでいくと反応がいい、と。**「教室での学習効果とオンラインでの学習効果が出やすい子、出にくい子はちがうとわかった」**と言っていました。

安　浪　リアルのほうが伸びる子とオンラインのほうが伸びる子、それぞれいると思います。リアルで伸ばせる面とオンラインで伸ばせる面もちがいます。

おおた　先生たちが試行錯誤しながらオンラインで授業しているのは、この硬直した中学受験勉強のシステムが揺らぐという意味で、全体として良いことだと直感的に思っています。今まで切り捨てられていた子たちが救われるチャンスになるかもしれないので。

安浪　**でも、塾が提供するオンライン授業は上位層の子しかついていけないんです。**だから私も切り捨てられた下位層の子を対象に、算数のオンラインセミナーを始めました。塾でも家庭教師でもない「第3の方法」を模索中です。

おおた　そうですか！　何人ぐらいで授業するんですか？

安浪　15人が限度かな。そのうち希望した3人には、手元も映してもらうんです。家庭教師の指導の良いところは、子どもが解いている手元に直接、「そこの書き方、ちがうよ」とか「イコールをそろえよう」とか「そこの筆算おかしいでしょ」とツッコめるところ。「どうしてここをこうやったか教えて」とやりとりしている様子を、オンライン授業では皆が見られる。家庭教師と塾のいいとこどりを創っていきたいと思います。

新しい受験スタイル
「第3の方法」

■低学年から塾に入らないと「席」がなくなる？

おおた　とはいえ、中学受験を考えている子の親たちが大手塾以外の選択を考えるには、まだまだ勇気がいるようで……。従来は新4年生（3年生の2月）に中学受験のカリキュラムが始まって入塾していたのが、今は、どんどん低学年化しているらしいと聞きます。僕も懸念しているところです。

安浪　小さいときから中学受験の勉強をする必要はありません。それをやったところでうまく階段を昇っていけるわけでもない。ところが**実際問題として、低学年のうちに塾に入っておかないと物理的に「席」がなくなってしまう問題があります。**

おおた　そうすると、現実的には塾に入れるうちに入っておいたほうがいいよね、という話になってしまう。

安浪　そうなんです。その**入れない塾とは、サピックスなんです**が……。皆、サピックスにこだわるから。サピックスじゃないとダメなの？　という話なんですよね。

おおた　ここは「サピックスじゃなくてもいいじゃない？」と思えれば、選択肢が広がると？

安浪　そこが難しくて、たとえば近くにサピックスと栄光ゼミナールしかない場合、最難関校を狙っているならば、やっぱりそれなりのノウハウと切磋琢磨できる仲間のいるサピックスに入っておいたほうが有利なんですよね。さらに校舎の話があって、最寄りのサピックスは入れないけど、電車で30分かけてサピックスの別の校舎に通う選択肢があったら、そちらを選択するご家庭が多いんです。

おおた　本来的には焦って入る必要はないけれど、最難関校を目指しているのなら、今の状況だと低学年のうちから座席を確保しておくしかない。
安　浪　そうなっていますね。でもそのことと、勉強で遅れをとるかどうかは別問題。家で学習習慣がないから学習習慣をつけるために塾を利用する、というのなら意味があると思いますけど。

学習習慣をつけるために塾を利用する

おおた　極論すると、**低学年のうちからサピックスに入って座席は確保しておいて授業料を払うけれど、「幽霊部員でいてもいいよ」もアリ**だと。
安　浪　はい、半年前から念のために旅館を予約しておく感じですね。まあ健全とは言えないし、お金のムダですが。

■「ポテンシャルの高い子」はどこがちがう？

おおた　第2章にも出てきた「**ポテンシャルの高い子**」（p78）という言葉、大変気になるんですけど、もう少し噛み砕いて知りたいです。
安　浪　最初、「キラリと光る子」と書いたんですが、書き方がいやらしいと思って書き直したんです。ぶっちゃけて言えば「賢い子」ですね。

おおた　この「ポテンシャル」が先天的なものなのか、低学年のうちにしっかりとした学力の土台を鍛えておけば得られるものなのか。たぶん、両方の要素があると思うけれど、そこらへんを低学年の親御さんは知りたいだろうなと思います。

安　浪　やっぱり、生まれ持ったものは大きいですね。ただ「ポテンシャルの高い子」たちも、まだ「原石」なんです。一見、わからない。親も「うちの子できない」と言うし、本人もできると思っていないけれど、ちょっと指導したら、**「あっ、この子、ダイヤの原石だ」**とわかる。おもしろいように伸びていくんです。

おおた　へえ、その子たちは、何がちがうんでしょう？

安　浪　物事を突き詰めて考えることが苦じゃないんですよ。だから学校の勉強じゃ飽き足らなくて別の何かをしています。囲碁や将棋がものすごく強いとか、**マニアックな本を読んでいるとか、何か尖っているものがある。のんべんだらりとＹｏｕＴｕｂｅばかり見ている子はまずいないですよ。**

おおた　なるほど。やっぱり親御さんには、「うちの子、まだまだポテンシャルがあるんじゃない？」という期待は持っていてほしいし、一方で、きょうこ先生と話してもらって、「あっ、この子、ポテンシャルがある」とか「まあまあだ」とか、判断をつけてもらえるならつけてほしいという思いもあるかもしれません。

安浪　すぐ判断つきますよ。15分もあれば十分です。ただ、ポテンシャルが高かろうが低かろうが、どちらでもいいんです。その子の状況を見て、その子が一番伸びる最適な方法を組み立てていくだけですから。

おおた　そのポテンシャルを見つけて伸ばすのを塾に期待するのはまちがっている……？

安浪　まあ、塾にそこまできめ細かい対応を求めるのは難しいけれど、やり方はあります。たとえば、**塾の先生が、授業が終わった後、やる気のない子を呼んで、「すごい。きみはほかの子とはちがう」と一言言ってあげる。本人のプライドをくすぐってやる気に火をつけるんです。それがきっかけで伸びていく子もいます。**

その点、中高一貫校は良いですよね。磨けばすぐに光る子もいれば、光るだろうけどちょっと時間がかかる子もいる。中学受験のように1年間で何点上げるという数字目標にとらわれる必要がないですから、子どもに応じたスピードで伸ばしてあげることができますよね。

■手をつけられない宿題をどう「間引く」？

おおた　塾から出される大量の宿題、これも受験家庭にとって頭の痛いテーマです。「間引いてください」と僕もよく言いますが、「じゃあ間引こうね」というのが子ども側にも当たり前になって、学習計画が崩れていくことはないのでしょうか。甘えに走っちゃう子もいるだろうなと思って。

安浪　そういう子はいます。**宿題は、子どもに間引かせたらダメですね。子どもはイヤな問題から間引いていきます。ただ、イヤな問題って大事な問題なんですよ。**

今、教えている6年生のサピックスの子は、理科が苦手で宿題をやりたがらない子。彼女は「理科は全部イヤ」と思っているけれど、理科の宿題でどの作業がイヤなのかを細分化していったら、「チェック問題の見直しがイヤだ」とわかったんです。そこで、「チェック問題の見直しを1日10分と決めたらどう？」と提案したら、「10分だったらできる」と。残ったものは**「手をつけていないリスト」**をつくって入試までにつぶせばいい。そうやって落としどころをつけていきます。これは理科に限らず、どの科目でも同じです。

苦手なジャンルも
10分ならできる

おおた　なるほど。細分化するというのは具体的でいいですね。

安浪　子どもが漠然といやがっているときは効果的な方法です。ちょっと親には難しいかもしれないけど。

おおた　難しいですよね。きょうこ先生みたいに適切にはできないけど、そのやりとりが僕は重要だと思います。下手くそなりにも親が判断して、結局それが間違っていたとしても、そのプロセスを経ることは子どもにとって励ましになると思う。間違ってもいいと思いますよ、親は。

安　浪　一方で、真面目な女の子に多いのですが、**出された宿題を全部やらないと気が済まないタイプの子もいます**。そういう子も落としどころを探る。時間も労力もムダだけれど、子どもの気持ちとの折り合いになってくるので、「その宿題、やらなくていいよ」とビシッと言えないことはあります。

おおた　でもそれ、重要な観点だと思います。単に勉強の効率だけを考えたら「やらなくていいんじゃない？」ということがあっても、子ども本人の気持ちを無視するわけにはいかない。そのさじ加減が大事ですね。こうすればいい、ああすればいいと公式のように言い切れるものじゃないですからね。

真面目な女の子によくある傾向

安　浪　そうなんですよ。

おおた　やっぱり、その子どもの気持ちのモチベーションありきじゃないと。**大人からしてみると「あっ、ムダだな」と思っていても、それを認めてあげることが最終的にはそ**

の子どもの力になる。中学受験の中で忘れがちだけど、忘れちゃいけない観点だなと思いますね。

■とりあえず大量の宿題を出したがる「大人の事情」

おおた　こうした「大量の宿題」の問題は、つまり塾の先生が自分の教科の宿題をごそっと渡して、トータルで子どもがどれだけやるかに思いをめぐらせるのは二の次になっているわけですよね。加えて、少ないものより多めのものを与えておけば、「自分の責任は果たしたから」と安心する側面もあると思います。

安　浪　**塾が「ムダなもの」をたくさん与えるのは、最後の入試報告会で「ほら、この問題出たでしょ」と言うために網羅をしておく観点になっているんです。**何万問のうちの1つ当たったところでね、と思うのですが。問題を与えておけば、「やらないほうが悪い」と言い逃れもできる。

おおた　そうした責任逃れの構造の問題があるだろうなと思います。開成にも灘にも入るのに十分な量の課題を与えていますよ、というのが大前提ですからね。

安　浪　ただ塾によっても先生によってもちがうので、本文では「ほとんど出さない塾もありますが」と一応、エクスキューズをしているんです。

以前セミナーで、6年生のお母さんが「宿題が終わらなくて何時間もかかる」と言うので、「間引いてください」と答えたんです。でも、「難関校志望で、そんなに間引いちゃっていいんですかね？」と心配されるので、「塾、どちらですか？」と聞いたら「日能研の本部系です」と。即刻、「全部やってください」と言いました。それは全部こなさないといけない。

おおた　なるほど、塾によって宿題量がちがうから、相対的に判断しないといけないわけですね。でもまあその量がこなせないのが現実なら、志望校の偏差値レベルをそっと下げるというのも大切な判断だと思いますけどね。

■「転塾」「退塾」だけが選択肢じゃない

おおた　塾選びでは、「箱を探すのではなく、場を見つける」（p123）というフレーズが気になったのですが、この「箱」と「場」のニュアンスのちがいを詳しく知りたいなと思うんですが。

安浪　「箱」は枠組み、「場」は土壌と言い換えてもいいと思います。つまり、相性のいい「箱」を見つけるというのは、その箱がすでに用意されていて、自分の子どもをうまくはめ込みやすい箱を探すということ。「場」というのは、その箱に子どもを当てはめるのではなくて**「この子が伸びる環境って、どういうところだろう？」と子どもを軸に考えるということ。**

おおた　「箱」ではなくて「場」を意識するとなると、塾の選び方はどう変わるんでしょう？

安　浪　たとえば、サピックスに入りました。**「うちの子はあまりサピックスに向いていないかもしれない」となったとき、「じゃあ転塾！」ではなくて、「サピックスの中でもこの先生のところに行ったら勉強のモチベーションが上がる」というように、子どもがイキイキとする場所を見つける、ということ。**「箱」にすべて期待するのではなく、子どもが伸びる条件とか先生とか環境を今ある中で探して有効活用できないかな、というもの。

おおた　「箱」なのか「場」なのかという択一式なものではなくて、箱は箱として利用するけれど、そこに不都合があったらカスタマイズしていく、と。

安　浪　そうですね。元気な野球少年が、関西系で熱い浜学園に通っていたんです。授業も関西弁でおもしろく、彼にとっていいサイクルが回っていたんです。でも5年生になると塾の日数が多くなり、野球の日とかぶってしまう。本人は「野球をもっとやりたい」と言い始めたのですが、野球か塾かの二択にしてしまうのは「箱」選びですよね。

おおた　ああ、ここで「場」づくりの話になってくるわけですね。

安浪　そうです。彼に、「浜の授業の何が楽しくて、何がつまらない?」と聞いたら、「算数はおもしろくて、国語は普通」だと。また、「野球と塾がかぶっている日がある」と。じゃあ、野球のかぶっていない算数と国語は必ず行こう、野球のかぶっている理社は隔週で。その代わり、野球を優先するなら、理社の2週間分の勉強は自分でしなきゃダメだよと言ったら、「それならがんばれる」と。

塾を、転塾するのでもなく、やめるのでもない。野球一本にするのも親は心配。箱の中で不具合が出たときに、一番モチベーション高く勉強しやすい場、落としどころを探っていったということです。

柔軟に考えるために、二択の中で決めない

おおた　なるほど。最初から身の丈にぴったりの既製品を探したって見つからない。そこそこフィットする既製品を見つけたうえでそれを試行錯誤しながらカスタマイズしていくほうがいいということですね。

第4章

学校は子どもを伸ばさない

志望校選びの玄人的着眼点

志望校に過度の期待を抱いていませんか？
志望校が子どもを育ててくれると思っていませんか？

女子校、男子校、共学校
伝統校、新興校
偏差値の高い学校、そうではない学校

それぞれの学校に、それぞれの長所があります。
わが子には、どんな学校が合うかを見極めることが重要。

慎重に見極めたつもりでも、
入学してみたら「あらちがった」ということはままあります。
そこからどうするか、それも子どもの人生です。

本章では、まことしやかに語られる「迷信」に惑わされない、
ぶれない学校選びのヒントを紹介します。

迷信16

偏差値が高い学校ほど〃いい学校〃だ

おおたとしまさ

偏差値が高いからといって〃いい学校〃だとは言えないことくらい誰でも知っていると思います。でも、学校を選ぶに際して、中学受験の偏差値はもはや本当にあてにならないものであることを知っている人は意外に少ないかもしれません。

前提として、「学校の偏差値」というものは本来存在しません。各塾や模試業者が配布する「偏差値一覧」における各学校の偏差値は、受験生の模試での成績と実際の中学入試での結果を逐一照らし合わせ、「偏差値がこれくらいなら8割の確率でこの学校に受かっている」とか「偏差値がこれくらいなら5割の確率でこの学校に受かっている」という目安としてはじき出されるものです。それを「80パーセント偏差値表」「50パーセント偏差値表」などと呼びます。

つまり「開成＝71」「桜蔭＝71」のような偏差値は、入試の難易度を示しているにすぎません。平たく言えば「どれだけ入るのが難しいか」。たとえてみるならばラーメン店の行列のようなものです。

長い行列を見ると、「あれ？　このお店おいしいのかな？」と思うのが人情です。「日本人は行列を見ると並びたくなる」ともよく言われますから、一度行列ができると行列が行列を呼び、しばらく長い行列が続きます。

でも、行列ができているからといってそのラーメンが自分の口に合うかどうかはまったく別問題ですよね。ましてや、たまたまテレビや雑誌で紹介された直後だっただけかもしれません。いわゆるインフルエンサーと呼ばれるブロガーがお金をもらってプロモーションしたのが当たっただけかもしれません。できたばかりのお店にもしばらく行列ができるものです。

むしろ自分の口に合うラーメン店に行列ができていないのなら「ラッキー！」と思うはずです。自分の舌が「ここのラーメンはおいしい！」と告げてくれているのに、「でも行列が短いからダメなお店だ」とは思わないでしょう。

偏差値も同じです。自分たちが気に入った学校の入試難易度が低いことはラッキーなことです。逆に偏差値が高い学校は、長い行列に並ぶ価値が本当にあるのかをより厳しく吟味しなければなりません。

以上だけでも、偏差値による学校選びがいかにナンセンスであるかがおわかりいただけると思うのですが、さらに**昨今の中学受験における偏差値がどれほどあてにならないものであるかを説明したいと思います。**

首都圏には約300の私立中学校があります。そして首都圏の中学入試回数はのべ約1200回だといわれています。1校あたり平均約4回の入試を実施している計算です。たとえば200人募集する場合、100人、50人、30人、20人と4回の入試で募集したりするのです。1つの学校でも複数回の入試を行う場合、「1回目入試」、「2回目入試」などと呼ばれます。それぞれの入試の機会を中学受験業界では「入試回」と呼びます。

A中学の1回目入試は偏差値60だけれど、2回目入試は63というように、同じ学校でも入試回ごとに難易度が変わります。たとえば東京と神奈川では2月1日から中学入試解禁日なので、2月1日にはたくさんの入試が実施されます。それだけ人気が分散し、1校あたりの入試難易度は低く出る傾向にあります。逆に競合校が少ない日程では人気が集中しやすく、入試難易度が高くなる傾向があります。

さらに昨今は、**一部の学校による悪質な偏差値操作が行われているらしいことが、業界では周知の事実となっています。**

前述の例のように、たとえば1学年200人を募集する中学で、計4回の入試を行うとします。平均すれば1回の入試で50人ずつ合格を出せばいいはずですが、そこに傾斜をつけます。たとえば2回目の入試を「特進入試」などと名づけて合格人数を極端に絞ります。そこで意図的に、たとえば偏差値60以上相当の学力をもっていると思われる受験生のみに合格を出せば、その学校のその入試回の偏差値は確実に60以上になります。

驚くのはここからです。その2回目入試で不合格を出した受験生たちに対し、何度受けても受験料は一律という制度を用意して、3回目入試、4回目入試を受けるように誘導します。そこで合格を出し、入学者数を確保するのです。

すると、2回目入試だけ偏差値60以上の高い偏差値がついて、そのほか3回分の入試ではそれよりも低い偏差値がつくことになります。そして2回目入試で合格した高偏差値の受験生たちが実際にはほかの学校に進学してしまうというケースも少なくないのです。見た目の合格者偏差値と実際の入学者偏差値に乖離が生じます。

でもメディアは、「〇〇中学の2回目入試で偏差値が急上昇!」などと、偏差値の高いところに注目します。それであたかもその中学の人気が急上昇したように見えてしまうのです。そこから行列が行列を呼ぶ法則で、ほかの入試回の偏差値も上がっていくということが実際にあります。

このような偏差値は、意図的に膨らまされた「バブル偏差値」と呼んでいいと思います。ふたたびラーメン店にたとえるならば、一時的に意図的につくられた行列です。長い年月をかけて地道に評判を勝ちとってきた老舗の行列とは意味合いがちがいます。

バブル偏差値にだまされないようにするためには、**偏差値一覧を見るときに、各学校のいちばん高い偏差値を見るのではなく、いちばん低い偏差値に注目すること**です。それが実際の入学者の学力層をもっとも正確に表しています。

Point

- 学校の偏差値はラーメン店の行列のようなもので、あてにはならない。
- 「バブル偏差値」にご用心。
- 同じ学校が複数回の入試を実施している場合、いちばん低い偏差値を見る。

迷信17

わが子にベストな学校がどこかにある

おおたとしまさ

各学校はそれぞれの建学の精神や教育理念に従って子どもを育てようとしてくれますが、灘に入ればこういう人になるとか、女子学院に行けばこんな人間になるというほど単純なことではありません。

強烈な個性をもつ学校が多感な時期の子どもの成長に少なからぬ影響を与えることは間違いありませんが、**学校が子どもの人格を設計してくれるわけではありません。**

その意味では、学校は燻製《くんせい》機にたとえられます。

サーモンを燻製してもベーコンの燻製にはなりません。いくら燻製したってサーモンはサーモン、ベーコンはベーコンで変わりません。サクラのチップを使うのか、ヒッコリーのチップを使うのか、ナラのチップを使うのかで風味は変えられますが、それだって最後にお皿に盛り付けるときにどんな味付けをするかで、料理としては結局ぜんぜん変わってしまいます。

素材にできるだけ合う薫りを選ぶ感覚は当然ですが、歴史ある私学ならどこに行っても、それなりにいい薫りがつきます。

それぞれの学校が放つ独特の薫りを選ぶというよりは、薫りに引き寄せられるというほうが正しい。そういう意味では、学校が子どもの人格や生き方を規定するのではなく、むしろ、どんな学校を選ぶかに、その子の人格やご家庭の価値観が表れるのです。中学受験の学校選びを通じて、いままで自分たちでもあまり意識したことのなかった教育観や人生観が明確になってくるのを親子で楽しめたらとてもいいことだと思います。

僕は偏差値に関係なく、いろいろな学校を取材してまわっています。そのうえで自信をもって言えます。**しっかりとしたポリシーをもって教育を行っている学校では、偏差値に関係なく、生徒たちも先生たちも輝いています。**そういう学校ならどんな学校に行っても大丈夫です。

もし学校の教育力によって子どもの人格がつくられたり、生き方が変わったりすると思っているのなら、過度な期待です。厳しいことを指摘するならば、そのように考えてしまうということは、まったくの無意識で、子どもの人格を軽視しているということです。ありのままの子どもを認めていないということです。

ましてや、「何が何でも○○中学校に入れなければこの子の人生はダメになってしまう」

などという強迫観念にとらわれているようなら非常に危険です。そんな考え方では「地球の裏側に行っても通用するグローバルな人間にならなければいけない」と言われており、さらにコロナによって激変するこの時代を生き抜くことができるはずもありません。

これからの時代の中学受験において親がすべきことは、お尻を叩いてでも偏差値を上げて理想の学校に子どもを合格させることではなくて、どんな学校に行ってもやっていけるような子どもに育てることです。

「本人の行きたい学校があるから中学受験をすることにした」ということが、雑誌やウェブの記事に載っていることがありますが、それも場合によっては危険な考え方です。だって、その学校に入れなかったらその中学受験は失敗したことになってしまうのですから。そして実際、中学受験で本当の第1志望に合格できるのは3割にも満たないといわれています。

親の母校や知り合いのお兄さん・お姉さんが通っている学校に憧れて同じ学校を目指したいと思うことはあるでしょう。それがきっかけで中学受験を志すことはすばらしいことです。でも、せっかくなら、ほかにもすばらしい学校がたくさんあることを学ぶ機会にしてほしいのです。

そうでないと、仮に望みの学校に入れたとしても、その子はそのまま井の中の蛙になってしまいます。自分の学校に強い愛着を感じること自体はすばらしいことですが、ほかの学校やほかの学校に通う人たちを見下すような人にはなってほしくないですよね。

ですからもし望みの学校に入れたとして、わが子が自分の学校のブランド力を鼻にかけるようなことがあれば、「だからどうした。そんなものは社会に出たら何の役にも立たない」と言ってやってください。**親が一緒になってわが子の学校を誇ってばかりいると、実は子どもは常に不安になります**。自分の親は、自分が自分だから誇ってくれているのか、自分がその学校の生徒だから誇ってくれているのかわからないからです。だからなおさら学校名にすがります。

そのまま大人になると、学歴に対するプライドは高いけれど実は自己肯定感の低い残念な人になってしまいます。いわゆる〝受験エリート〟にありがちな残念なルートです。

偏差値に頼らず、わが子にぴったりの学校を選ぼうとする姿勢は間違っていません。でも、どこかにきっとわが子にとっての「理想郷」のような学校があると思うのは間違いです。理想郷は探すものではなく、自らの努力でつくるものだからです。自分で学校をつくれなんて無茶を言っているわけではありません。「住めば都」の精神が大切だということです。

学校選びは結婚相手を選ぶことに似ています。偏差値や進学実績で学校を選ぶのは、身長の高さや学歴や年収や肩書きで結婚相手を選ぶようなものです。それらがどんなに立派でも、自分の人生の伴侶としてふさわしいとは限りません。

また、それらを気にせず中身を見て、どんなに惚れ込んで結婚したとしても、実際にずっと一緒にいると、それまでは気づきもしなかった欠点が必ず見えてきますよね。学校も同様です。どんなに惚れ込んで入学しても、必ずダメダメな点や残念な点が見えてくるものです。

それでも夫婦がいい関係を続けるために必要なのは、相手に一方的に「理想」を求めるのではなく、新しく発見する欠点以上に相手のいい点をより多く発見する努力をお互いに怠らないことです。

学校に対しても、「理想」を求めるのではなく、ダメな部分をも受け入れて、与えられた環境を最大限にいかす努力を怠らないことが大事です。それができれば、どんな学校に行っても、そこを理想郷にすることができます。

Point

- どんな学校に行ってもその子はその子で変わらない。
- 親の役割は、どんな学校に行ってもやっていける子に育てること。
- 学校に理想郷を求めるよりも、「住めば都」の精神が大事。

迷信18

これからの学校の使命はグローバル人材の育成だ

おおたとしまさ

大学入試は通過点でしかないとは誰もが言います。ではその通過点の先に何があるのでしょうか。それが単にビジネスでの成功だとしたらあまりにもせこい話です。

「グローバル人材を育てる」と掲げる学校があったら、「グローバル人材ってどういう意味ですか？」「なぜグローバル人材を育てなきゃいけないんですか？」と聞いてみたほうがいい。

大きく分けると2つの文脈で答えが返ってくると思います。1つは「競争」の文脈です。個人としてあるいは日本社会として、グローバル経済のなかで〝勝ち組〟になれるように「○○ができる人」を育てるという発想です。もう1つは「共栄」の文脈です。世界中の人と手を取り合って、「欲張るのをやめよう。競争をやめよう」と呼びかけられる人を育てるという発想です。真逆です。

「急速なグローバル化が進んでいる」だとか、「ＡＩが仕事を奪う」だとかいわれていますが、それらはあくまでも「経済状況」の変化であって「価値観」の変化ではありません。

ソニーや東芝やトヨタよりグーグルやアマゾンやテスラがカッコいいとか、東大や京大よりもハーバードやオックスフォードを目指すべきだとかいう話は、総売上や偏差値などの数値で価値をはかるという20世紀的価値観の延長線上にすぎません。

経済状況の変化ばかりに意識を奪われ、経済合理性や損得勘定に縛られ、人々の感性あるいは感情が劣化し、「〇〇ファースト」のような自己中心的価値観が世界中に流行し、民主主義や人権意識が危うくなっていることこそが、いまここにある危機の本質だと僕は思います。

急速な経済のグローバル化によってもたらされた格差の拡大に対する反動としての国内外の「分断」を乗り越えられる若者たちを育てることのほうが、よほど大事ではないでしょうか。

しかしいまだに「これからの時代に勝ち残るために必要な最先端のスキルを獲得するには……」という競争の文脈で教育が語られがちです。それこそ時代遅れの発想のように僕には感じられます。

その感性を抜きにして「Society 5.0」だとか喧伝する人たちの見事な論理的プレゼン

テーションを見ていると、まるで最先端のＡＩロボットがしゃべっているのを目の当たりにしているような気分になります。「なるほど、十数年後には彼らの仕事こそをＡＩがやってくれるようになるのだな」という皮肉が頭に浮かびます。ＩＴベンチャー企業の株主総会でのプレゼンテーションならそれでいいでしょう。でも学校説明会でそれをやっているようなら残念です。

いや、実際にはそんな学校はないと思うのですが、一部の保護者はそういう学校が時代を先取りした〝いい学校〟だという幻想を抱いて学校探しをしているのではないかと思うことがときどきあるので、釘を刺してみました。

これからの時代では、どのみち大人になってからもつねに新しいことを学び続けて新しいスキルを身につけていかなければなりません。逆に言えば、子どものころから準備しておかなければ身につかないビジネススキルなどありません。

特に中高生までの教育においては、「何ができるか」よりも「何を大切にして生きるか」を伝えることのほうが圧倒的に大事です。どんなにすごいことができたとしてもそれを何のために使うべきなのかがわかっていなければ意味がないからです。それに、「何ができるか」を基準にした場合、「できる人は偉い。できない人はダメ」という分断の話になってしまいます。

GAFA（Google、Amazon、Facebook、Apple）のような最先端のグローバル企業で活躍する人たちももちろんすばらしい。「経済状況」がそのような人たちを必要としているのは間違いありません。一方で、「時代」が必要としているのは、「民主主義」やその基盤となる「人権」の大切さに自覚的な人たちではないでしょうか。「民主主義」や「人権」を理解するために伝統校の多くが取り組むのが平和教育です。

さらに最近では性教育も人権の観点から語られるようになってきています。しかし日本の性教育は貧弱です。グローバル教育もIT教育も結構ですが、21世紀を生きる子どもたちを育てるというのであれば、性教育も国際水準を意識する必要があるのではないでしょうか。

一方、「民主主義」や「人権」を理解するためにSDGs（国連が定めた「持続可能な開発目標」）を教材にしてみたり、それらを学ぶインフラとしてICT（情報通信技術）を活用したり、世界の人たちとつながるために使える英語の習得に力を入れてみたりすることには僕も大賛成です。

いちいちアピールしませんが、伝統校でもそれは当たり前のようにやっています。むしろわざわざそこをアピールするのは、父親になった男性が育児や家事をしていることをSNSで逐一アピールして「イクメン」を気取るのと似たような未熟さを感じます。成長過程と見れば、それはそれで悪いことではないのでしょうが。

学校選びでは、旬の〝ニーズ〟をとらえた見た目に派手な教育をアピールするクリスマスツリーのような学校ではなくて、見た目は地味でもしっかりと大地に根を張り、根から吸いとった養分が枝葉の末端まで行き届いていることが感じられる学校を見極めるのが親の役割だと僕は思います。

蛇足となりますが、この原稿を執筆している現在、新型コロナウイルスが世界中で猛威を振るっています。まさに「先行きの見通せない」「正解のわからない」世の中を僕たちは生きています。

でも皮肉なことに、ウイルスによって、「経済のグローバル」ではなく、世界中の人たちが同じ祈りをもつという意味においての「真のグローバル」が実現しています。「〇〇ファースト」的世界観の急先鋒だったあのトランプ米大統領が「経済は二の次だ」と言い（またすぐ元に戻りましたが）、同じくあのボリス・ジョンソン英首相が「社会があるとわかった」と述べました。潮目は確実に変わっています。

また、オンライン授業を始めとするＩＣＴ活用に関しても、全国の学校・塾で急速に広まっています。単なる技術は、必要になれば誰でも短期間で身につけられるのです。逆に言うと、いままでそこをウリとしてきた学校や塾は、その優位性を失うことになります。

アーリーアダプター（新技術をいち早く導入する層）としての社会貢献は評価されるべきだとは思いますし、そういう姿勢を学んでもらうことが教育理念ならばそれはそれでよいのですが、早々にオンライン授業に切り替えてガシガシやることを単純にいいことだと考えているようなら、僕に言わせればその価値観も、「即決」や「新しいこと」を美徳とする20世紀的信念への無自覚な固執です。

「ポスト新型コロナウイルス」の世の中をつくる次世代にどんな感性や能力が必要かを改めて考えてみるといいのではないでしょうか。

Point

- 経済競争の文脈で使われる「グローバル」には踊らされるべきではない。
- 教育の目的は優秀なビジネスマンを育てることではない。
- クリスマスツリーのような学校より、大地に根を張った樹木のような学校を選ぶべき。

迷信19

男女共同参画社会では男女共学校が当たり前

おおたとしまさ

何年か前の夏の甲子園で、部員のために2万個ものおにぎりを結び続けた女子マネージャーの貢献が新聞で大きく報道されました。最初は美談として広まりましたが、ジェンダー的な観点からすぐに「えっ、それってほんとに美談？」という声が上がるようになりました。野球をして注目を浴びるのは男子、それを支えるためにおにぎりを結ぶのは女子というのが、現実社会におけるジェンダー的役割の縮図のようにも見えるからです。

「学校は社会の縮図であるべきだから男女共学であるべきだ」という言説があります。しかし正確にいうならば「学校は理想の社会の縮図であるべき」です。現実社会のジェンダー観が偏っているのに、それをそのまま縮小し学校にあてはめたら、現実社会の偏ったジェンダー観が共学校の教室の中で再生産されてしまいます。

ここで興味深いデータを紹介しましょう。２０１８年のＰＩＳＡ（経済協力開発機構が行う国際的な学習到達度調査）の結果です。

まず、「読解力」においては男子よりも女子の平均点のほうが高得点になるのは全世界共通です。男子の平均点が女子の平均点を上回っている国・地域は1つもありません。日本でも「国語や英語は女子のほうが得意だが、理数系は男子のほうが得意」だと一般的に思われているので、違和感はないでしょう。

しかし、「科学的リテラシー」つまり理科分野において、女子の平均点が男子の平均点よりも高い国・地域を上から挙げると、1位カタール、2位ヨルダン、3位サウジアラビア、4位アラブ首長国連邦、5位フィンランドとなっています。上位をイスラム圏が占めているのです。「数学的リテラシー」に関しても、男子よりも女子のできがいい国・地域にはイスラム圏が目立ちます。

イスラム圏で、特に戒律が厳しい国や地域では男女がともに学ぶことが許されていません。つまりこれらの国・地域の女子は女子のみの環境で学んでいます。すると男女の学力差が縮まるどころか、女子のほうが、読解力のみならず理数分野においても成績が向上しやすいのかもしれないと仮説できるのです。

実際に海外の研究では、**男女別学校のほうが、男女ともに学力が伸びやすいという報告が多数あります**（それに対する反論も多数ありますが）。男女別学校のほうが教科に対する「女らしさ」「男らしさ」のようなものに縛られにくいという調査結果も多数あります。

考えてみると当たり前です。男子校・女子校のなかには「性差」という概念が存在しませんから、「男子だから物理が得意」とか「女子だから音楽が得意」のような先入観をもちません。男子だって自分たちでおにぎりを結ばなければいけませんし（お母さんたちがやってしまったら意味がありません！）、女子だって自分たちで重い荷物を運ばなければなりません。

逆に言うと、男女平等ではない社会における共学校では、その歪んだジェンダー観が教室の中で再生産され、男女不平等な社会を維持する装置として機能してしまっているのかもしれないのです。「共学のパラドクス」です。

実際、いわゆる「鉄道オタク」や「アイドルオタク」など、共学校では「陰キャ」などと揶揄されてしまいそうな男子たちが、男子校ではいきいき堂々としています。女子の視線を気にしなくていいからです。女子校の教室の中では、見た目を気にするルッキズム的なヒエラルキーがつくられません。「男子からどれだけ人気か」という価値観がそもそも存在しないからです。

いずれにおいても「男らしさ」とか「女らしさ」とか「異性ウケ」という観点がないのです。「男だから」「女だから」というジェンダー意識にとらわれず、自分自身を表現することができます。学力向上よりも既存のジェンダー意識に影響を受けにくいことのほうが、男女別学のメリットとしては大きいと僕は思います。

ただし、**異性との自然な距離感がわからないというのが、6年間を男子校・女子校で過ごした人たちにほぼ共通する〝症状〟**です。大学に行ってから挽回することも可能ですが、できれば中高生の間から、学校以外の場面で異性との関わりを積極的にもつようにしましょう。

異性との関わりといってもいわゆる「合コン」のようなものが必要なわけではありません。たとえば英語のディベート大会だとか、音楽部の合同演奏会だとか、何かの課題に対して力を合わせるようなプロジェクト・ベースの活動において、男女で関わる機会を設けるといいと思います。最近では実際にそのようなコラボレーションが、男子校と女子校の間で頻繁に行われるようになってきています。そうすれば男子校・女子校の弱点はだいぶ補えるはずです。

Point

- 共学校の教室では現実社会の性差別意識が再生産されるおそれがある。
- 男女別学が基本のイスラム圏の女子は、理数系が得意。
- 異性との距離感を身につけにくいのが男子校・女子校の弱点。

迷信20

文化祭や体育祭で実際の生徒たちの様子がわかる

おおたとしまさ

志望校を決めるということは、中高6年間をすごす場所を決めるということですから、各学校が実際にどんな学校なのかを調べることが重要であることは言うまでもありません。

でも**実際のところ、学校の実状を知るのはとても難しい**。僕は全国の学校を取材してまわっていますが、その学校が全体としてどんな学校であるかを適切に表現することはどうやってもできません。進学実績という観点から、男子校・女子校という観点から、グローバル教育という観点からなどと、なんらかの観点から見えたものを書くことしかできないのです。「この学校はこんな学校です」と言い切るメディアがあったら嘘だと思ってもらってかまいません。

学校の素顔を知る手段として、その学校に通う生徒や最近卒業したばかりの人に話を聞くという手もあるでしょう。でも、それもその人の視点から見た学校像でしかありません。「日本ってどんな国ですか？」と聞かれても、答える人によって答え方がまるでちがうのと同様に、それが自分にとっての真実になるかどうかはわかりません。

私立中高一貫校の年配の卒業生たちは口をそろえます。「母校の本当の価値がわかったのは卒業して20年、30年たったころです」と。当然です。それくらい先のことを見据えて先生たちは教育をしているのですから。ということはつまり、現役生がいまその学校で自分が何を得ているのかに気づくことなど到底不可能なのです。現役生やその親御さんの話は、話半分くらいで聞くのが正解です。

親子で学校を直に知る貴重な機会が文化祭や体育祭です。そこでは生徒たちの表情を間近に感じることができます。しかし、それがその学校の実態だと思ったら間違いです。文化祭も体育祭も年に一度のお祭りです。非日常です。普段の学校の様子とはだいぶギャップがあると考えたほうがいいでしょう。

ただ、お祭りは文化の象徴でもあります。お祭りの場にいて、その空気が心地よいと感じられるのなら、そこの文化が肌に合っている証拠です。ですから、**文化祭や体育祭で見なければいけないのは、その学校の生徒たちの表情ではなくて、わが子の表情です。**特に注目してほしいのは、目を輝かせているか、身体を躍動させているか、安心しているかの3点です。

一方で、実際に足を運ばなくても、文化祭や体育祭の運営のされ方から、その学校における自由と規律のバランスを推し量る方法もありますから、ウィズコロナの時代の学校選びの観点として紹介しておきますね。

どんな学校でも「うちは自由な学校です」と言います。これは100パーセントの学校が言います。でもその「自由」の意味するところはだいぶちがいます。そのちがいが、文化祭や体育祭の運営のされ方に表れるのです。

まず文化祭について。「うちの学校では、生徒たちが主体的に文化祭を運営します。教員は口出ししません」とほとんどの学校が言います。でも、たとえばクラスで演劇をやるということが決まっている文化祭があります。その枠の中でのやり方が自由なだけです。一方で、文化祭での出展が有志団体単位になっている文化祭もあります。お化け屋敷をやってもいいし、喫茶店をやってもいい。クラス単位でもいいし、部活単位でもいい。何もやりたくない生徒は何にも参加しなくていい。

前者のタイプの文化祭か、後者のタイプの文化祭かで、「自由」の枠組み自体がちがうことがわかりますよね。

体育祭はどうか。騎馬戦や棒倒しに象徴される「運動会」は、元来軍事演習的な要素の強い全体主義的な性質をもつ催しです。運動会に一丸となって真剣勝負で取り組み、たかだか綱引きや騎馬戦の勝敗に一喜一憂する文化をもつ学校は、普段は個性を大事にしていてもいざというときには一致団結することに重きを置く学校です。一方、リクリエーション的なイベントとして「体育祭」を楽しむ文化をもつ学校は、普段から全体主義的な空気を嫌う傾向があります。「運動会」と「体育祭」の言葉のちがいも本来はそこにあります。

後者の学校のなかには、オリンピック形式で体育祭を行う学校もあります。綱引きやリレーなどのいわゆる「運動会」的競技だけでなく、サッカー、バスケ、剣道、相撲などさまざまな競技を、学校のさまざまな場所を使い同時並行で行うのです。「運動会」をやめてしまい、「スポーツ大会」や「球技大会」という名目でイベントを開催する学校もあります。そういう学校は普段から総じておおらかな校風の学校です。鉢巻を締めて「エイエイオー」という感じではないのです。

「体育祭」を行っているのか「運動会」を行っているのかで、その学校における「個」と「組織」のバランスが推し量れます。

ちなみに、文化祭や体育祭がお祭りとはいえ生徒の雰囲気を間近に感じることのできる機会だとすれば、学校説明会はよそいきとはいえ先生の雰囲気を間近に感じることのできる機会です。学校説明会では校長先生をはじめとする先生たちのしゃべり方や物腰や表情を観察するようにしましょう。それが心地よいと感じられるのであれば、その学校は親子の肌に合っているはずです。
ＩＴ企業のような格好いいプレゼンをしていても、広告代理店ばりの完璧な仕切りを見せていても、「カッコいいけれど、なんかちがうな」と思ったら、やっぱりちがうのだと思います。その点は、結婚相手を見極める感覚に近いかもしれません。

Point

- 文化祭や体育祭で見るべきは生徒よりもわが子の様子。
- 文化祭と体育祭のしくみに、学校の自由と規律のバランスが表れる。
- 学校説明会は職員室の雰囲気をうかがい知る機会。

おおたとしまさ×安浪京子　対談4

偏差値は、カンタンに操作できる「砂上の楼閣」

安浪　「学校は子どもを伸ばさない」という章タイトルには、ドキッとしました。**「どんな学校に行ってもやっていけるように育てるのが何より大事」**ということは、私もセミナーで親御さんたちに口を酸っぱくして言っています。

おおた　学校の先生からは怒られちゃいそうなタイトルですが、そもそも子どもには自ら伸びていく力があるということと、望みの学校に入れさえすればあとは学校が子どもをつくりあげてくれるみたいな幻想を抱かないでくださいよという意味の2つを込めました。

子どもには「伸びていく力」がある

安浪　では、ご家庭が抱いている「学校」に対する幻想や誤解を解いていきましょうか。

まず、「学校の偏差値」。そんなものは存在しないということは、私も強調しておきます。偏差値について付け加えるなら、塾との癒着ですよね。つまり、**塾が偏差値を決めている学校もある。** **入試会場に生徒を送り込むのは塾ですから、進路指導で受験するように誘**

導しますね。

また、複数回入試だけでなく1回、2回の入試でも、偏差値こそ高めについているけれど、大人数が受験して、進学時に上位の子がごそっと抜けるから下位の子しか残らない、そういう学校はあります。

おおた　まさに、偏差値は「砂上の楼閣」です。

安浪　塾が「この学校、おもしろくない」と思ったら、意図的に偏差値を下げますしね。「おもしろくない」というのは、塾に対する態度が悪かったりするという意味ですけど。何もしなくても生徒が集まる学校はいいけれど、そうじゃない学校は、塾との付き合い方で偏差値が決まるんです。

おおた　それこそ、塾の偏差値一覧に名前を載せてもらえるかどうか、というふうにね。すべての学校が偏差値表に載っているわけじゃないので、**載せてもらえていない学校は一生懸命、塾に営業して、「一番下でもいいから載せてほしい」と頼みこむんです。**

安浪　そこは本当に、力関係がはっきりしていますね。だから、「**複数回入試では一番低い偏差値に注目する**」（p154）という指標はとてもわかりやすいし、的確だと思います。同じ学校でも回によってぜんぜんちがいますからね。

おおた　メディアはどうしても一番高い偏差値をとり上げるので、罪だと思います。操作したら、いくらでも偏差値を上げることができるので。そこに対するアラートとしては、同じ学校でも一番下の偏差値を見ておくほうが実態には近いよ、と認識しておくことですね。一番下を見るのが当たり前となれば、「バブル偏差値」をわざとつくっても仕方ないという抑止力になる。少しでも業界の平常化、良心化になればと思います。

「バブル偏差値」を見抜け！

■「クリスマスツリーのような学校」に気をつけろ

安　浪　「派手な教育をアピールするクリスマスツリーのような学校」と「しっかり大地に根を張っている学校」という表現は、学校のあり方がイメージしやすくて良かったですが、1つ反論させてください。というのも、これから根を張っていこうとがんばっている新しい学校が「小さいクリスマスツリーの学校」になるということもあるし、また同時に伝統校でも「根っこが腐っている学校」もありますよね。

おおた　確かにそうですね。**これからがんばっていこうとする学校が、何か1つでも注目されるために打ち上げ花火的なことをやるのは、決して否定できないですよね。**グッドトライはグッドトライで認めるべきです。「伝統のあるものが勝つ」とするのはフェアじゃないので。

安　浪　「クリスマスツリーの学校」で筆頭に来るアピールポイントといえば「グローバル」ですが、逆に言うと、アンチグローバルの学校ってあるんですか？

おおた　いや、それはないと思います。ことさらアピールしないだけで、どの学校も本当の意味でグローバルでないと、という気持ちはあると思います。そのグローバルという言葉をどういう意味で使っているか、そこに学校の視野が表れますね。

基本的に、今の世の中で求められている国際協調のようなものに対しては、どの学校も前向きであるはず。一方で、経済界が使う意味でのグローバル、**強欲資本主義的な勝ち組グローバルのような学校は、僕はニセモノという気がしてしまう。「それって中高でやること？」と疑問に思う**という話を書きました。

安　浪　以前、矢萩邦彦さん（教育者・ジャーナリスト）の塾の授業を見学させてもらったとき、ちょうどG20が大阪であったので、G7やG20をとり上げていたんです。矢萩さんがバーッと国名を挙げて「G7はどの国？」「じゃあG20は、G7にどの国が加わる？」と聞いて、子どもたちに答えさせる。

最後に、矢萩さんが「これらの国は、何を基準に選ばれていると思う？」と質問したんです。答えは「経済」。今更ですけど、今の世の中は経済中心なんだと再認識して、ちょっと恐ろしくなったんです。

おおた　ミッション系の学校はもともとの文化が「グローバル」ですが、それは今の資本主義経済という意味での「グローバル」とはちがいますからね。そういう「流行り言葉」に対して、「どういう意味で使われていますか？」と学校に確認しないといけないと思っています。

学校パンフレットに躍る「カタカナ言葉」

安浪　ホームページや学校説明会でも、ICTやグローバルといったカタカナ言葉が多い学校だと、私は「ふーーーん」と思ってしまいます。

おおた　取材していてもそうですよ。**パンフレットに流行りのカタカナ言葉ばかり並んでいる学校は、話を聞きに行っても結局書けることが少ない！**

安浪　日本語でちゃんと説明してよって思いますよね。

おおた　ムリやり落とし込んではいるのだろうけど、その奥にある学校が本当に伝えたい柱が伝わってこないから、書くメッセージが見つからないことがあります。それでも僕なりに、いいなと思ったところを書きますが、赤字を入れられて、「タブレットの一人1台導入にもっと触れてほしい」などと言われるんです。

安浪　赤字が入るんですか？

おおた　特に中堅女子校と言われるような学校からはたくさん赤字が入る傾向がありますね。生徒集めに必死で広報戦略上のアピールポイントがあるのだろうけど、記事の主旨に合わないときには「それ、書けないです。ごめんなさい」と率直に伝えます。

タブレット
一人1台が売り？

安浪　おおたさんが取材に行く意味がなくなっちゃいますからね。

「おおたとしまさの誤解を解きたい！」

おおた　ついでに、きょうこ先生に聞いてもらいたいことがあるんです。「少しは公立高校も取材してください」とか「御三家ばかりもちあげて」とか言われたりするんです。

安浪　へえ、そんなの送ってくる人がいるんですか？　ツイッターで？

おおた　まあ、SNSはカジュアルにメッセージを入れやすいですからね。面倒くさいから一度も返信したことはないけれど（笑）。

安　浪　御三家の本をたくさん出されているから、そういう人だと思われている。

おおた　そうなんです。たとえば都立高校は取材したことがないと思っている人もいるようだけれど、日比谷だって西だって小石川だってちゃんと取材しています。

安　浪　そこで付け加えると、私は地方の公立高校出身なのですが、おおたさんが私の高校まで取材していることに感動しました！（笑）

おおた　中学受験に関しては、偏差値40台、30台の学校も取材して書いているのですが、僕が書いたことがわからないケースが多いんです。早稲アカで配られている「エデュケーション・ダイヤモンド」や、日能研の「ネッティランド」でもときどき書いているので。開成とか灘とか桜蔭とか、そういう学校だけ選んで仕事しているわけじゃないよ！と。

安　浪　ここで、どんどん言ったらいいと思います（笑）。

■男子校・女子校のコラボが増えている理由

安　浪　おおたさんは男子校と女子校の本も書かれていますよね。私も2019年に男の子と女の子の勉強法の本を書いたんです。やはり、男子は男子、女子は女子で生活しているほうが、自分たちが苦手だと思っている、思い込まされている部分は本当に伸びますよね。

おおた　伸びますね。だから、男子校・女子校の良さを生かしつつ、異性との関わりがないという「弱点」を補っていくのがいいと思います。

最近は、男子校と女子校がコラボする機会が増えてきて、たとえば**洗足学園と聖光学院が一緒にディベートをしたりしているようです**。昔は下手にトラブルがあったらいけないと避けている部分もあったけれど、男女共同参画とかジェンダー意識の高まりとともに、前向きにとらえてきていますね。まだまだ十分ではないけど。

安　浪　そこをきちんとアピールできている学校は少ないですよね。

おおた　少ないです。学校の日常は男子校、学校の日常は女子校だけど、異性と1つのことに取り組む経験は意図的に設けていますよ、と積極的にアピールしたほうがいいですね。学校説明会とかパンフレットでも、そういう記述がもっと増えたらいいなと思います。

■学校に異性がいることで「弱点」が補える共学校

おおた　本文では共学校のフォローをしていなかったので、ここでさせてください。

安浪　ぜひ！

おおた　共学校のメリットとしては、中学生のうちはまだ幼い男子とちょっと大人な女子がいることでクラスの秩序が保たれることや、毎日の勉強を少しずつでもしている女子を見て、男子も少しは勉強しなきゃという気持ちが芽生えたりすることでしょうか。
　また、男女のステレオタイプに聞こえちゃうから難しいけれど、一般的には、男子のほうが最後の最後で学力がぐっと伸びるといわれますよね。共学校では、ついこの間まで幼かった男子が急に目の色変えて勉強しているのを間近で見て、女子も危機感を感じることができるのでは——と、女子校の先生が話していました。

後伸びする男子を見て刺激を受ける女子

安浪　なるほど。教え子には、女子校に行った子も、男子校に行った子も、共学校に行った子もいて、皆、「学校が楽しい」とは言っているけれど、私の印象として、**共学校に行った子は外見をすごく気にしますね。**お母さんも、「起きている間はずっと鏡しか見ていない」と嘆いていました。

おおた　鏡かスマホか（笑）。男子校、女子校、共学校と見てきたけれど、現実問題としては入れる学校・入れない学校がある。「男子校・女子校に行ったらこういうところが足りないよね」とか、「共学校に行くなら、男らしさ、女らしさにとらわれすぎちゃいけないよ」というのを家庭として意識しておけばいいと思います。どこに行っても、たいていの子どもは大丈夫だから。

安浪　ほんとうに、どこに行っても大丈夫。それぞれの学校の良さはあるけれど、やっぱり置かれたところで精一杯生きていこうね、という結論になりますね。

■どの学校も口をそろえる「うちは自由です」はホント？

安浪　いろんな中学校の先生にお話を聞くと、どの学校も決まって「うちは自由です」と言うんですよね。

おおた　100パーセント言いますね。

安浪　「SCHOOL」編集長の吉田玲呪さんたちと作成した「校風マトリックス」では、横軸に「管理と自主性」、縦軸に「革新・体験と保守・知識」で学校を分類しているのですが、「管理型」にカテゴライズされた学校には、だいたい文句を言われるんです。ちなみに、「保守・管理型」という言葉は多様な意味を含んでいますが、「校則ガチガチ」という意味でとらえる方が多いようで、もっと良いネーミングがないか考えているのですが……。だから、おおたさんが書かれた「自由」の尺度は、親にわかりやすくていいなと思いました。

おおた　たとえば、体育祭と文化祭の運営のされ方ですね。お祭り当日だけでなく、その準備期間に生徒がどのくらい主体的に関わっているか、あるいは関わらないという主体性も認められているか。そこに個人と組織のバランスが表れると思います。

安　浪　運動会と体育祭の言葉のちがいもおもしろいです。

おおた　これ、僕も昔は意識していなかったんですけれど、体育祭はリクリエーションだしお祭りだけど、運動会はもともと軍事教練の流れを汲むもの。似たようなイベントでも、言葉の使い分けからその主旨のちがいがわかりますよね。

開成は運動会、武蔵と筑駒は体育祭。ただし、駒東は開成の運動会に似た形式を体育祭と呼んでおり、逆に麻布は完全にお祭りなのに運動会と呼んでいるというように、必ずしも名が体を表しているわけでもないですけれど。

■男子校と女子校でちがう「運動会のチーム分け」

安　浪　もう1つ、おおたさんに補足していただきたいのが、男子校・女子校の運動会のチーム分けの話。男子校は縦割りだけど、女子校は学年別という話を以前、お聞きして興味深かったので。

おおた　そうですね。男子校や共学校は、中1から高3までが、たとえば1組なら1組で青チームといった組対抗、縦割りでやるけれど、女子校は多くの学校が中1は中1、高3は高3でチームになって学年対抗でやるんです。

女子校の先生も、「うちの運動会は学年対抗なんです。毎年、高3が勝つんですけどね。他にそんな学校、ないですよね」と言うので、「いやいや、女子校ってけっこうそうですよ」という話をすると、「えっ、他校も？」と驚く。

安　浪　やっぱり男子と女子のちがいが表れているということでしょうか。

おおた　勝つか負けるかというゲーム性に喜びを見出すのか、あるいは結果よりもチームとしての一体感にモチベーションを見出すのか。そういうちがいがあります。

もちろん個性には幅があって、男だから女だからと決められないけれど、男子だけの集団、女子だけの集団をつくったとき、その集団としてのふるまいにはちがいが出るということです。

第5章

中学受験は親の受験じゃありません

親子の信頼関係の育て方

子どもの幸せを考えて始めた中学受験なのに――
いつしか子どもを追いつめてしまっていませんか。

「できないわが子」を認められない。
「やる気を見せなさい」と声を荒げてしまう。
「○○くんは成績が上がっているのに」と他の子と比較してしまう。

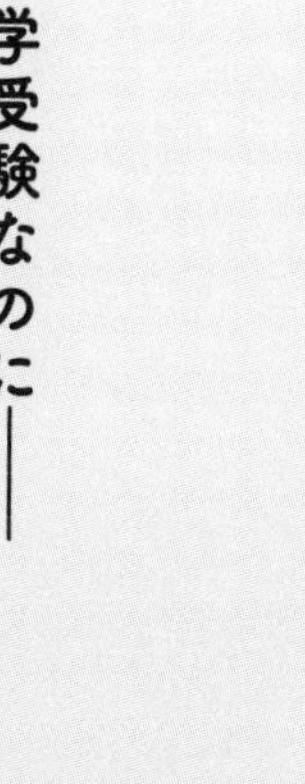

こういう事例が、あちらこちらで起こっています。
つねに数字と対峙し、ライバルと競わせる中学受験の構造は、
親を大変刺激しやすく、
ともすると教育虐待につながります。

どうか一番大切な子どもの心に傷を負わせないために、
今一度、一緒に初心にかえってみましょう。

迷信21

共働きの親ははっきり言って不利である

安浪京子

ひと昔前まで、中学受験は「専業主婦でないと無理」と言われていました。実際に「中学受験は親が9割」と言われるほど、親が子どもにつきっきりの家庭が多くありました。しかし、今は時代がちがい、共働きの家庭が増えました。

専業主婦・主夫のいる家庭と、共働きの家庭は、それぞれ一長一短があります。

専業主婦・主夫のいるご家庭は、わが子の中学受験が最優先事項になりがちです。生活時間帯は受験生が中心で、文字どおり子どもに「つきっきり」となります。

「つきっきり」とはテストやテキスト管理だけではありません。テストの間違い直しや宿題をはじめとした勉強そのものもマルッと教えるご家庭も少なくありません。

『下剋上受験』のお父様もそうですが、中学受験をする子どもに勉強を教えるには予習が必要です。子どもが学校に行っている日中は、ずっと問題を解いていますし、子どもが寝た後、晩酌しながら算数のテキストを解いていたお母様もいました（笑）。勉強を教えることができるならば、子どもにとっては非常にありがたい存在です。

しかし、「つきっきり」は煮詰まりやすいのも事実。社会との接点が塾のみになりがちなので、「最難関中こそがエラい」と偏差値至上主義に陥りやすくなり、テストの点数や偏差値、クラスといった「数字・記号」に翻弄されるようになります。最難関校に合格した親のブログを読みあさってそのとおりに実行させようとする方も多く、パートナーに「そこまでやらせなくても」と言われると「何もわからないくせに口出ししないで！」と一蹴。ブログに書かれている「理想の受験生」と「わが子」のギャップばかりにどうしても目が行きがちになり、反抗期を迎えた子どもとのバトルが激化してきます。

それを力ずくで抑え込み、すべてを犠牲にして臨む中学受験……その学習環境下で子どもにかかるプレッシャーは並大抵のことではなく、第1志望はおろかすべて不合格になることも少なくありません。

中学入試にすべてをかけてきた親は目的とプライドを失い、親に見放されたと感じる子どもは自己肯定感が著しく低下し、結果をどこかになすりつけようと夫婦や親子の関係が悪化し、中学入試が本格的な家庭崩壊に進むケースもあります。

かつての親はしつけが厳しく、子どもにも忍耐力がありました。しかし、そこまでがんばれる小学生の割合は低下しているというのが、私を含めた指導者たちの実感です。子どもが変わったならば、かつての「親が徹底管理していた中学受験」は通用しません。

専業主婦・主夫家庭は、子どもと一緒に過ごす時間が長いぶん、どうしても視野が狭くなりがちになると自覚したうえで、**「風通しを良くすること」をつねに意識してみてください**。つまり、中学受験にがんじがらめにならず、柔軟な考え方をもつという意味です。

しかし、考え方を変えるのは一朝一夕にはいきません。まずは「行動を変えること」です。今まで、煮詰まったお母様やお父様にとってもらったのは、「受験が終わるまでは……」と禁止されていたことを解禁することでした。「ママランチ会に行く」「料理教室に行く」「ヨガに行く」といった自己メンテナンスから、「資格勉強を始める」といった自己研鑽まで。中でも「週1回、パートに出る」と決断したお母様は大きな好循環を生み出しました。「子どもが生まれてから一切仕事なんてしたことないし……」と尻込みしていましたが、親子バトルがあまりに壮絶になった6年生の秋、何かを変えなければいけないとの危機感にかられ、試験監督を始めたのです。そこで大学受験生が模試を受ける様を見て「18歳の子がこんなに緊張したり焦ったりしているのに、うちの息子も同じことに挑んでいるんだ」といろいろ考えさせられ、一気にお子様への当たりが和らいだそうです。帰りに自分一人のお茶の時間、ウインドウショッピングの時間をあえて作るようにしたのも大きかったと振り返っていらっしゃいました。

一方の共働きはどうでしょうか？　共働きの場合は、子どもとの時間を長時間確保することはできませんが、家庭内の風通しは比較的良くなります。しかし、「外注業者にまかせてほうりっぱなし」、あるいは「ビジネス感覚を受験に持ち込む」ようになってしまうと、やはり辛い中学受験になりがちです。

両親ともに、とにかく忙しい場合は、「子どもの勉強を見てあげたいけれど、時間も気力もない」というのが実情。心が仕事でささくれ立っているときに、やる気のない子どもに向き合うのは至難の業です。よって、手の届かない部分、たとえば家庭での勉強を家庭教師に、家の中のことをハウスキーパーにお願いするのはよくあるケースです。

しかし、外注業者に丸投げで子どものフォローは一切せず、点数や偏差値だけを見て文句を言うのはかえって悪循環。中学受験をするのは11、12歳の小学生です。勉強や家事は外注できても、愛情は外注できません。

親が勉強を見てくれないからこそ、子どもは点数ではなく、自分自身の存在を見てほしいと切望しています。

点数にコメントする前に「本当によくがんばっているね」とねぎらいの言葉をかけ、「ずっとあなたのことを見てるよ、思ってるよ」と伝えてあげてください。もちろん愛情だけで受験を乗り切ることはできません。毎日「今日はどんなことを勉強したの？」と聞くだけでも、子どもの中での学習定着率が変わってきます。ぜひ実践してみてください。

「ビジネス感覚を受験に持ち込む」のもなかなか厄介です。仕事のプロジェクトならばスケジュールや目標を立て、納期までに仕上げるのが当然でしょうが、子どもの勉強は仕事とはちがいます。入試から逆算し、どれだけ完璧なスケジュールを立てても、子どもの集中力や定着率が低ければ予定どおりにはいきません。

Cちゃんのお母様は大企業の重役です。長男の中学受験の反省点を活かし、長女の中学受験は入念に準備しました。早くから家庭教師をつけ、息抜きを確保した1週間のスケジュールと日々の課題を立て、テストの点数をすべてエクセル管理し、愛情たっぷりの料理をならべ……そして第1、第2志望に不合格。

お母様から「敗因分析をしたい」と相談を受け、私は「**Cちゃんは全力でがんばりました。あのときああすれば良かった、という点は1つもありません**」とお伝えすると、お母様は「初めて心のつかえがとれました」と言いました。仕事のように「必ず結果を出さねばならない」「必ず結果は出せる」と思い込んでいたのです。

専業主婦・主夫のご家庭、共働きのご家庭それぞれに事情があり、どちらが有利・不利というのはありません。どちらの状況であっても、「わが子をよく見ること」、これに尽きます。一見簡単そうですが、実際に点数や偏差値を前にすると、これがどれほど難しいことか――それは、すべての受験親に共通する難題です。その難題に挑もうとされているご自身のこともぜひ、いたわってあげてください。人間だから、ときどきは爆発だってします。そんなときは、ちゃんとお子さんに謝れば大丈夫。子どもはパパとママが大好きですす。大人以上に寛容に許してくれますよ。

Point

- 「親が徹底管理する中学受験」は今の小学生にはなじまない。
- 専業主婦・主夫家庭は、親自身が自分の時間を持って風通しを良くする。
- 共働き家庭は受験にビジネス感覚を持ち込まない。

迷信22

小学生の算数くらい、親がみられるでしょう

安浪京子

私が中学受験と出合ったのは、大学に入って浜学園の「講師募集」のチラシをもらったときです。数学が得意で高校では理系クラスだったので、数学の講師として応募しました。

しかし面接をクリアしたときに「たくさん仕事がある算数科の講師になってくれないか」と言われ、「算数程度なら」という気持ちでＯＫしました。中学受験を知らない理系人間あるある、です。

浜学園は、研修を受けたあとに準講師、数多の試験を経てようやく講師になれます。準講師になって初めて見学した授業は春期講習のＬ１コース（女子最難関コース）でした。

授業で子どもたちが解いているテストは計算問題以外さっぱりわからず、文章題は方程式を使って数問ねじふせたものの、「数の性質」「速さ」といった分野は完全にお手上げで

した。「図形なら」と平面図形の問題に挑むも、三平方の定理など一切使えない問題です。授業の解説のスピードにも難度にもついていけない自分にショックを受け、同年代の講師がサクサクと問題を解く姿を見て、大きく自信をなくしました。

しかし、ほとんどの算数講師が浜学園で勉強してきた中学受験経験者であり、「え？中学受験してないのに算数講師やってるの？」と驚かれて、少し救われました（笑）。

塾講師はあらかじめ、授業で扱う問題の予習ができ、解答もあります。しかし、家庭教師はいつ、どんな問題を聞かれるかわかりません。

数学が得意だった私が、受験算数の初見問題をある程度解けるようになったのは、教え始めて5年ほど経った頃でしょうか。

受験算数の特殊性は61ページで述べたとおりです。中学受験を経験していない親がわが子に高学年の算数を教えるのは至難の業ですが、実は「開成→東大出身」かつ「学生時代、塾講師も家庭教師もやっていた」という親でも、受験算数をわが子に教えるのは非常に難しいのです。

なぜなら、中高大と6年以上勉強してきた数学に比べ、受験算数はそれより以前に、せいぜい3年間勉強した程度。解法もうろ覚えになり、まだ抽象概念を獲得していない小学生に数学的に教えてしまいます。

さらに、勉強が得意という自負のある親ほど、できない子どもの思考回路がわからず「自分の子だからこのくらいわかるだろう」という色眼鏡も入り、ますます子どもに寄り添った指導ができずに「塾で何を聞いてきた」「なんでわからないんだ」「努力不足だ」となじるのです。

A君のお父様は、東大卒の弁護士で法律事務所を経営しています。お兄ちゃんの受験のとき、お父様は日中、仕事そっちのけでサピックスの教材を解き、学校から帰ってくるとつきっきりで算数を教え、その甲斐あって麻布に合格しました。その経験があるのに、A君の算数の家庭教師を依頼されたのです。

理由を聞くと、「私が教えるのは効率が悪いということに気が付いた」「おそらく麻布はギリギリ合格だったと思う。下の子は、上の子より算数が苦手なので、私では無理だと思う」とのことでした。

「わからない問題を教える」だけならば、お金はかかりますがプロの家庭教師や個別指導を頼むのがもっとも効率的です。しかし、親が「わが子の目線に立つ」ことを意識して一緒に勉強するならば、たとえ思うように点数が伸びなくても、中学受験は「親子にとって」かけがえのない期間になります。

10歳の幼さ、11歳の悩み、12歳の苦悩……。これらを誰よりも深く、真剣に理解しようとするのは親しかいません。

親が入念な予習をして教えるのもひとつの形でしょうが、子どもががんばって覚えた年号があれば、5分でいいから親がテキストから口頭で出題してあげる。算数の問題でうんうん唸っていたら、解説動画を一緒に見る。わからなければ「この問題、難しいね」と感想を共有し合う。

「塾の先生に質問しておいでよ。なんて教えてくれたかママにも教えて」と伝える。これが「寄り添う」ということです。たとえ親が予習をしても、高圧的に教えては親子関係の悪化をもたらしますし、中学受験は何とか通過できたとしても、親子の間にしこりを残します。

「勉強しなさい」ではなく「一緒に勉強しようか」と言い換えてみてください。同じ目線に立つと、「こんな内容くらい……」という気持ちが親からも消えていくはずです。

Point

- 中学受験経験者でも、わが子に教えるのは難しい。
- 入試まで時間制限のある中学受験は、外注で時間を削減できる。
- 「わが子の目線」に立って一緒に勉強すれば、親塾はかけがえのない時間になる。

迷信23

カンニングしているわが子は「ダメな子」だ

安浪京子

お子さんはカンニングをしたことがありますか？
「そんなこと、考えたこともない」「うちの子に限ってあり得ない」という方が多いかもしれませんが、塾講師、家庭教師で出会った生徒たちを振り返ると、**中学受験生の相当数がカンニング経験者です**。カンニングをする子に、学年やクラス、志望校といった属性は関係ありません。

コロナ禍の休塾中、いくつかの塾が復習テストの「自宅受験」を実施しました。家で問題を解き、解答を塾に郵送するのです。自学自習して臨んだ復習テストの平均点は、いつもより高いものでしたが、それを見て「みんな、自宅学習をがんばっているんだな」と思った指導者はほとんどいなかったのではないでしょうか。「家だとテスト中、何でも見れちゃうからね」というのが指導者の感想です。

カンニングは塾で実施されるテストや模試でも頻繁に行われます。教え子たちからも「隣の子がテスト中のぞいてくる」「交換採点のとき、平気で答えを書き直す子がいてイラッとする」とどれほど聞かされたことか……。

塾側もそこはわきまえており、浜学園で塾講師をしていたときは「テスト中は教室の一番後ろにいるように」と指導を受けました。先生が前に立っていると子どもは先生の目線を盗んでカンニングをしますが、先生が後ろにいれば、子どもたちは先生がどこを見ているかわからないため、つねに緊張感を保てるというわけです。

さらに、6年生の秋になると、自宅で解く過去問でのカンニングが増えます。子どもが「気が散るからあっちに行ってて！」と親を部屋から追い出し、自分一人で過去問を解くときに頻発するのです。

子どもがテスト中にカンニングしたかどうかをチェックするのは簡単です。もっともカンニングの多い算数は、問題用紙に途中式が書かれているか否か、書かれている式の答えと答案用紙の答えが一致しているかどうかを確認すればいいだけのこと。

ところで、「わが子がカンニングをしていた」と知ったらショックを受けますか？　もしショックを受けるならば、一度本を閉じて**「なぜうちの子はカンニングをしたのか？」**と考えてみてください。さぁ、本を閉じて。

答えは出ましたでしょうか？

カンニングは子どもからのSOSです。そのSOSをキャッチし、カンニングの奥に潜む問題の本質を見つけられれば、そして親子で解決できれば、その過程は中学受験を「やって良かった」ものにするために貴重な経験になります。では「なぜ子どもがカンニングするのか」を一緒に考えてみましょう。

テストでカンニングする理由として、皆さんはどんなことを思いついたでしょうか？「点数が悪いと親に怒られる」「考えても解けないから」「勉強が面倒くさい」あたりが多いかもしれませんね。

しかし、実は親が思いもよらない理由がたくさんあります。

「テストの点数が悪いとみんなの前で先生に怒られる」「塾で居残りさせられる」「いつも

勉強を見てくれるパパに申し訳ない」「夫婦喧嘩の元になる」——。過去問のカンニングはさらに切実です。志望校の過去問で点数がとれないと「親に失望される」「受験させてもらえない」「何より自分がショック」など、今までのがんばりを周囲に、何より自分自身に否定されないために必死なのです。

こういった本音をため込み、日々をやり過ごすためにカンニングをするのが、子どもにとってどれほどつらいことか。中学受験さえなければ、カンニングとは無縁の子もたくさんいます。

そのうえで、なぜカンニングをしたのか、子どもの本音を丁寧に聞き出してあげる必要があります。そのためにはまず、カンニングをしたこと自体に最大限共感してあげることです。私はいつも、

「**見たくなる気持ちはわかるけどねー**」

と言ってから、「実は私もね……」とカンニング経験を披露します（笑）。そして、子どもの顔がふっとやわらいでから、話を進めていきます。

中には絶対に認めようとしない子もいますが、理由がわかったのであれ、認めないので

あれ、この話し合いの場を持てたら、次にすべきは「カンニングできない状況を大人が作ること」です。

「答えはママが管理しておくね」「塾の先生に話をしておくね」と、大人が物理的に環境を変えるのです。**子どもの意思だけに任せてはいけません。**これは子どもを信用していないということではなく、カンニングできない環境を作るのは大人の役目、という意味です。

「低い点数を本人が嫌がる」がゆえのカンニングは、テストの点数が低くても「この問題が解けたなんてすごいね！」と、点数ではなく得点できた問題に注目し、本人のがんばりをほめてあげましょう。その働きかけをくり返すうちに、周囲との点差を気にせず、自分自身の力でとれる問題を正解させようという気持ちが育ってきます。

Point

- カンニングはめずらしいことではなく、頻繁に行われる。
- カンニングは子どもからのＳＯＳ。共感しながら、理由を丁寧に聞いてあげる。
- カンニングできない環境を作るのは大人の役目。

迷信24

中学受験が教育虐待の原因になっている

おおたとしまさ

中学受験は両刃の剣です。上手にやれば親子双方にとっての成長の機会になりますが、やり方を間違えると子どもをつぶしてしまったり、親子関係が壊れてしまったりという最悪のシナリオもあり得ます。

最悪のシナリオの1つが、教育虐待です。

子どもの受容限度を超えてまで勉強させることを、昨今は教育虐待と呼ぶようになりました。

たいていの場合、教育虐待をしてしまう親でも、意識的に子どもを思い通りにしてやろうなんて思っていません。「子どもの自由に生きてほしい」と頭では考えていながら、「自由に生きるために選択肢を広げてあげたくて、そのためには……」と発想するところからおかしくなる。親が、勉強の先にある理想や目標ばかりを見て、目の前のわが子を見られなくなってしまうから起こる悲劇です。子どもがつらそうにしているのにそれでも「あなたのため」という言葉が口をついて出てきたら、危険信号です。

多少の危険を冒してでもなんとか〝いい学校〟に押し込んでしまえばあとの人生が楽になるなんて思っていたら大間違いです。教育虐待の後遺症は、たとえ第1志望に合格してもなかなか治りません。著しい自己肯定感の低下が継続し、人間関係や人生観の構築に支障を来します。

それどころか、教育虐待まがいの中学受験経験で第1志望に合格してしまったりすると、それが親にとっての成功体験になってしまい、希望の中高一貫校に入れてからも過干渉が止まりません。そのような状態ではまともな反抗期を経験することができず、精神的な自立を果たせません。いつまでも大人になれないのです。それでは何のための子育てでしょうか。

成績が悪いことを叱りすぎてしまったり、奮起を期待するあまり勉強をやらせすぎてしまったりというようなことを一時的にしてしまうのは、親としての単なる「過ち」であり「未熟さ」です。最初から完璧な親なんていませんから、過ちを犯したらそれを悔い改めて、親として成長すればいいのです。

ただし親が自分の「過ち」をいつまでも認めることができず、「未熟さ」を克服できないと、教育虐待に発展します。

中学受験そのものが教育虐待を招いているわけではありません。高校受験でも大学受験でも教育虐待は起きています。親が自分の未熟さと向き合えなければ、どんな舞台であっても教育虐待は起こりえます。

でも中学受験で教育虐待が起こりやすいのだとすれば、その理由は、「中学受験は親の受験である」という言説が広まりすぎてしまったからだと僕は分析しています。その言説のせいで、子どもの偏差値がそのまま親の成績だと思われてしまい、自分の親としての実力を証明するために、子どもに過度な勉強をさせるようになってしまうのです。

でも考えてみてください。**初めはいやいや塾に通い、宿題もろくにやらなかった子どもが、最後には目の色を変えて努力できるようになったのだとしたら、それだけですごいことではないでしょうか。**

そんな姿を見れば、親も「この子は最後はがんばる子」と確信します。わが子が自分の目標に向かって努力してくれていること自体を喜びとして感じられ、その努力が報われてほしいと強く願う一方で、もう結果なんてどうでもいいと思えるアンビバレントな気持ちを覚えるはずです。

子どもも、自分のために親が少なからぬ犠牲を払ってくれていることを理解しています。なかなか口には出さなくても、当然感謝の気持ちをもっています。そしてできることなら、親を喜ばせたいと望んでいます。

中学受験を通して親子が強固な信頼で結ばれるからこそ、中学受験を終えて本格的な反抗期の時期に突入しても、子どもは安心して親に反抗することができ、親は安心して子どもを見守ることができるのです。それがゆとりある中高一貫校の教育環境と相まって、豊かな思春期をすごすことができるのです。

Point

- 「あなたのため」という言葉が口をついたら危険信号。
- 「中学受験は親の受験」という言説が教育虐待の直接の原因。
- 無理して第1志望に合格しても、教育虐待の深刻な後遺症が残ってしまう。

迷信25

イクメンは中学受験でも活躍する

おおたとしまさ

昨今の中学受験に感じる変化を尋ねると、多くの学校の先生や塾の先生が口をそろえることの1つに、「父親の姿が目立つ」があります。

イクメンという言葉が登場したのが2006年。2010年には流行語大賞にも選ばれました。そのころ生まれた子どもたちがいままさに中学受験世代です。

しかし、中学受験に熱心なお父さんたちの評判は、いまいち、いや、かなり悪いのが現状です。「**大きな声では言えませんが、お父さんが首を突っ込むとろくなことはない**」と、これまた多くの学校の先生や塾の先生が嘆きます。

では、中学受験はお母さんにまかせたほうがいいのかというと、そういうことでもないでしょう。まして「男親には中学受験生の相手はできない」と言ってしまうのは性差別です。

じゃあ、中学受験に熱心なお父さんたちの何が問題だと先生たちが嘆いているのかというと、子どもの気持ちを無視してやりすぎてしまうからということに集約されるんですね。

考えられる主な理由は、職場での成果主義的な考え方が身に染みついていて、それを子どもに当てはめてしまうため。

いわゆるPDCAサイクル（計画・実行・評価・改善）をまわす感覚で、子どもを管理しようとします。12歳の子どもを相手にドラッカーとか『7つの習慣』などのビジネスマン愛読書に書かれているようなことを言い出すのはやめてくださいって話です。

部下をマネジメントするためにコーチングをかじったような人が、それを自分の子どもにやろうとしてもまずうまくいきません。前提として、親子の距離感は会社での上司と部下との関係とはまるでちがうからです。

腕に覚えのあるビジネスマンがそのスキルを子どもの中学受験に活かそうとすると、「このやり方は会社でも成果を出しているのだから間違いない。これで成果が出なかったらこの子が悪いんだ」となりやすいので危険です。

高学歴かつ大企業で出世街道まっしぐらのようないわゆる〝負け知らず〟の父親は、「できない」という経験が乏しいので、「できないわが子」を認められないという弱点をもっていることも多い。

現在ではパワハラのようなものは会社でも厳しく取り締まられるようになってきましたが、パワハラのようなプレッシャーのかけ方を、相手を変えるためのいい教育的指導だと勘違いしている世代もまだ残っているはずです。大人なら、会社でパワハラまがいの指導を受けても自分で逃げ場を見つけてある程度は受け流すことができるかもしれませんが、家庭で逃げ場のない子どもだと、あっという間につぶれてしまいます。

これは男性に限らず、**職場で管理職的な立場にある母親にも見られる傾向**かもしれません。性別の問題ではありませんよね。

それに加えて、意外に感じるかもしれませんが、**中学受験を経験していない地方出身のエリートお父さん**のほうが危ないという話もよく聞きます。

地方の高校受験では学校のランクが偏差値によって明確に序列化されていて、首都圏の中学受験よりも偏差値主義が強固です。ですから、地方のトップ校を出た父親ほど、偏差値を気にしやすい。

しかも、**中学受験の偏差値50は地方の高校受験の偏差値60や65にも相当する難易度ですが、それがなかなかわからない**。わが子が偏差値50をとってくることが認められない。

また、自分の受験体験をもとにアドバイスをすると、15歳の高校受験や18歳の大学受験の体験をもとにしていることになりますから、それって10～12歳の子どもには無理なんです。精神年齢がちがいすぎますから。

中学受験に限らず、子どもを育てていくうえでは、子どもの将来や目標を見据えることよりも、目の前の子どもをしっかり見る眼力をもっていることのほうが重要です。思ったような成績がとれなくてわが子が涙を流しているとき、それが悔しさからくる闘志に満ちた涙なのか、心が折れそうになっている涙なのか、それを見分けられなければいけません。状況によって親の寄り添い方も変わります。

子どもの成長を間近で見続けて、わが子がどんなときにどんな表情をするのか、どんなしゃべり方をするのかをよく知っていないと、中学受験のストレスの中で子どもの心に寄り添うことは難しい。

形ばかりのイクメンを気取っていても、ＳＮＳでアピールするばっかりでその眼力が育っていなければ、中学受験の機会に子どもにかかわろうとしても、裏目に出てしまうでしょう。

子どもが必死にがんばっているのですから無関心はよろしくありません。でも、親が熱くなりすぎてしまうと、誰のための受験だかわからなくなります。自分の胸に手を当ててみて、もし右記のような条件に当てはまるようなら、用心しましょう。

中学受験における親の役割は、あの手この手で子どもを勉強に向かわせて子どもの成績

を上げることではなく、まずは子どもに安心感を与えること。願わくば、中学受験という真剣勝負の機会を利用して「生き方」を教えることだと僕は思います。勉強は塾の先生やきょうこ先生が教えてくれますから。

両親が気持ちをそろえてわが子の中学受験をサポートできることはとてもいいことです。でも、両親が同じ立ち位置から子どもを見ていると、必ず死角ができてしまいますから、せっかく2人でサポートするのなら、どちらかが近くにいて、どちらかが一歩離れたところにいるというように、ちょっと距離をずらしてみてください。そうすると、お互いに子どもの違う表情に気づけるはずです。それをお互いに共有できると、夫婦はいいチームになれます。

もし夫婦の意見が食いちがった場合には、よく話し合うことが大切なのは言うまでもありませんが、最終手段は塾や家庭教師の先生です。夫婦の意見が分かれたら塾や家庭教師の先生に相談してその意見を取り入れようとあらかじめ決めておくと、いざというときのチーム崩壊を防げます。だからこそ、信頼のできるプロの先生がいる塾や家庭教師選びが大切なのです。

Point

- 会社での成功体験がわが子の中学受験に通用すると思ったら大間違い。
- 15歳や18歳の受験と、12歳の受験とでは根本的にちがう。
- 中学受験での親の役割は、成績を上げることではなく、生き方を教えること。

迷信26

きっとどこかに子どものやる気スイッチがある

おおたとしまさ

「うちの子、やればできるはずなんですけど、やる気がないんです。どうしたらやる気が出るでしょうか?」という質問を受けることがよくあります。もちろん僕は塾のカリスマ講師じゃないですから、そんなことはわかりません。

ただ、それ以前に、「そういうあなたは、いま何にやる気を発揮しているんですか? 起きているあいだ、そのことばかりやっているんですか?」と聞きたい気分になります。

そもそも人間、やる気がみなぎるなんてこと、たまーにしかなくないですか? 少なくとも僕はそうです。それなのになぜ子どもには、つねにやる気を求めるのでしょうか。

しかも、サッカーとかゲームとかではなくて、勉強に対するやる気しかやる気と認めない(笑)。せっかく何かにやる気になっているのにそれを否定しておいて、勉強に対してのみ「やる気を見せなさい!」って。そんな大人に都合のいいばっかりの話、あるわけがないじゃないですか、普通に考えて。

カリスマ塾講師や名物先生が学校の先生の子どもたちとかかわるのを見ていると気づくことがあります。彼らは決して無理やり子どもたちのやる気スイッチを押したりはしていないんです。むしろ、子どもたちの心に、本人も気づかないようなやる気の種みたいなものがポッと発芽したときに、それを見逃さず、そこに必要最低限の光を当て、その小さな小さな芽が自らの力で伸びてくるのをじっと待つことができるんです。

そういうシーンを何度も見てきた経験から言わせてもらえば、親にとって都合のいいやる気なんて幻想です。

親の思いどおりのやる気を焚き付けることに必死になるよりも、子どもの心の中にある、表には出にくい好奇心や静かな情熱に気づいてやれる親になることのほうがよほど大切です。それさえできれば、**子どもは必ず自ら輝きます**。僕はそう確信しています。もしそれでも輝いているように見えないなら、それは、大人の目が曇っているのです。

しかしそうはいっても中学受験には必ず締め切りがあるので、いつまでもやる気が出るのを待って放置しておくわけにはいきません。それが、中学受験に限らず、「受験勉強」の弊害です。どうしても待てないのなら、〝やる気〟にするのではなく、〝その気〟にさせるようにしてください。

僕が尊敬するある先生はこんなことを言っていました。**「やる気スイッチなんてないの**

で、もし大人にできることがあるとすれば、やる気マッサージなんですよ」。その先生が言うには、勉強以外のことでも何でもいいので、その子がすでに当たり前のようにできていることを見つけて、そこを指摘してあげるだけでいいそうです。たとえば、「え、同じ問題をもう5分も考えていたの？　すごいじゃん」とか「ムシのことスゲー詳しいんだね」みたいなことでもいい。

マッサージで1カ所ずつ丁寧にツボを押すように、1つずつ丁寧に。そうすることで、子どもは前向きな気持ちになり、初めてのことや苦手なことにも挑戦してみようかなと思えるようになります。そのときにやる気の種がポッと発芽する可能性がある。そのチャンスをたくさんばらまくイメージです。

勉強好きな子が自ら進んで勉強するのはある意味当たり前です。でも勉強に苦手意識をもっている子が、それでも自分の目標のためにイヤイヤでも机に向かっているとしたら、それこそすごいことだと思いませんか？　それを「やる気がない」と批判されたら、もう勉強なんて絶対にやりたくなくなりますよ。

逆に、本人のやる気が勉強に向いて、自ら「志望校合格のために全力を尽くす」という気持ちになってくれたら、親も塾の先生ももうやることはありません。

Point

- 親にとっての都合のいい「やる気」は幻想。
- 「やる気」を焚き付けるより、子どもの心の動きに気づいてやることが重要。
- 中学受験勉強では「その気」にさせられれば御の字。

存在しない「やる気スイッチ」を探し続ける親たち

安浪　中学受験に全力であたっている親御さんにとって、耳の痛い話から始めましょうか。「やる気スイッチ」という……。

おおた　いやいや、そもそも「やる気スイッチ」なんてどこにもないですよね。

やる気を入れられる先生が優れた先生だとも思わないし、「やる気」だってそうそう出てくるものではない。そんな幻想にすぎない「やる気」を子どもに求めるのは、やる気スイッチ信仰の罪だと思います。

安浪　たしかに。おおたさんの書かれていた「やる気にするのではなく、その気にさせる」というフレーズは、とてもいいと思いました。

おおた　その場その場で、あの手この手で、気持ちを盛り上げていくしかないんですね。本当に自発的なやる気を持ってくれれば万々歳で、それに越したことはないけれど、「そんなもの、お父さん、お母さんも持ってないでしょ?」と問いたい。

安浪　ほんとうに。勉強以外のことに対するやる気は否定しておいてね。

おおた　そうなんです。たとえばサッカーならサッカーに対する、もしくはプラモデルならプラモデルに対するやる気を親が一生懸命認めていれば、それがいつか勉強にスライドするかもしれない。それを否定しておいて「勉強しなさい」って……そりゃ無理というもの。

安浪　親が求める「やる気」というのは、主体的に勉強に集中して取り組む──理想の受験生像なんです。たとえ、子どもが言われたことをそれなりに素直に取り組んでいても、「この子は言われたことしかやらない」とか「自分で弱点を見つけてやろうとしない」とさらに求める。それが親なんです。

おおた　大人ができないことを子どもに求めている……と親は自覚しなければなりませんね。

自分にできないことを
子に求めてしまう親

■とりあえず手を動かせば、「その気」になってくる

安浪　子ども自身も「やる気」という言葉をやたらと聞くので、「私、やる気が出ない

んです」と訴えてきたりします。
そんなとき、**私が子どもたちに言うのは、「急に集中力なんか出ないから、とりあえず簡単な計算を5分やってごらん」というもの。**そうしたら、だんだんだんだん脳が動いてきて、やる気が0から100には上がらないけど、0から50へと少しずつ上がっていく。「やる気が出るのを待つよりも、ちょっとでも勉強をやるほうがいいよ。こなすことになってもいいから、まず鉛筆を動かそう」と伝えます。

おおた　**脳科学的にも「作業興奮」といって、作業することが刺激となって、やる気が促されるわけですよね。**だから、始めてみるのが一番。コロナの期間中、在宅勤務で仕事がはかどらないという人がいたけれど、通勤して会社のデスクに座ることが、いかに仕事に向かうためのルーティンになっていたか。だから、勉強に苦手意識を持っている子がイヤイヤでも机に向かっていたら、「すごいじゃん！」と僕は思います。

安浪　親はちゃんとそこを認めてあげてほしいですね。

おおた　「オレ、勉強が得意」という意識を持っている子だったら勉強に入りやすいだろうけれど、そうじゃない。「イヤだな、イヤだな」と思いながら「でも、やろう！」と切り替えるのはすごいこと。こういう力こそ、非認知能力ですよね。

「イヤだけどやろう」と思うだけですごい！

安浪　多くの子にとって勉強はイヤなものだけど、やっぱり最上位クラス、上位クラスにいる子たちは忍耐強いんですよ。イヤイヤでも数時間がんばれる子たちが上位クラスにいる。そういう子たちは「大人」なんです。「子ども」だったら、イヤなことはやらないはずですから。

■「カンニングできない環境づくり」という思いやり

おおた　基本的に子どもたちは勉強はやりたくないけど、テストではいい点をとりたい。親を悲しませたくない、喜ばせたいんですよね、子どもは。だからカンニングはダメだとわかっているけれど、「自分自身否定されないためにカンニングする」という話には共感しました。これを読んだお父さんお母さんも胸に迫るものがあるのではないでしょうか。

安浪　カンニングは子どもからのＳＯＳですからね。

おおた　だから、「カンニングできない環境を作るのは大人の役目」という話にも納得。**「大人の役目」は言い換えると、「大人の思いやり」。子どもを信用してい**

子どもはただただ親を喜ばせたい

ないから「答え」を隠すのではなく、カンニングできる状況にしなければカンニングしないということですね。たとえは悪いけど、アルコール依存症の人の前でお酒を見せない思いやりと同じ。

モンテッソーリ教育にも、「悪いことをしてほしくないなら環境を整える」という考え方があります。そういう気を起こさせない。叱らなきゃいけない状況をつくらない。思いやりとして「環境設定」をしてあげる。この発想はすごく重要だなと思っています。

安　浪　モンテッソーリの考え方にも触れられるのはうれしいです。

おおた　子どもを縛るのではなく、思いやりとして、**子どもが中学受験をしやすい環境、誘惑に負けにくい環境を整えてあげる。**これも環境設定です。子どもが勉強しているのに親はだらだらゲームして、でも子どもには「やる気」を求めている。そんなことはしていないか――。親はこういうところで知恵を使ってほしいなと思います。

■いかなるときも「子どものプライド」をつぶさない

安　浪　今、教えている6年生の男の子で、絶対にカンニングを認めようとしない子がいるんです。誰が見ても100パーセント答えを写しているのに、「僕は絶対やってない！」と言いはる。そして、トイレに行ったと思ったら、トイレからガンガンガン音が聞こえるんです。いつまでも戻ってこないので「どうしたの？」と聞いたら、無意識に壁に頭を打ちつけていたんです。

おおた　ああ……。

安浪　私も「ああ……」と思ったんですけど、そこで認めない子に「でも見てるでしょ」と言っても仕方がない。お母さんと相談して、「ここですぐ答えを取り上げると、彼を信用していないことになるから、3週間かけて答えを取り上げましょう」となりました。子どものプライドをつぶさないことはとても大事。最初は「ママに採点させて」から始まって、今は我々が答えを管理しています。

子どものプライドは絶対につぶさない

おおた　なるほど。子どものプライドをつぶさないことは重要ですよね。そこが、きょうこ先生がきょうこ先生たる由縁という気がします。カンニングしたらこう対処するという方法論ありきではなく、子どもの性格や状態を見て、どうしたら子どもが傷つかず、でも前向きな気持ちになってもらえるかを一緒に考えていける。だから信頼も得るし、成果も出るんだと思います。

安浪　ありがとうございます。

■中学受験の算数は、大人になっても生きてくる！

おおた　僕は昔、中学受験をしたんですけど、受験して良かったと思うことの1つに、世の中のことを何でも算数的に考える力がついていることがあげられます。数学的じゃなくね。きょうこ先生が、算数の問題を数学的に解こうとしてしまうと言っていたのと対照的で、おもしろいなと思いました。

安浪　へえ、そうなんですか。算数的に考えるという話、もっとくわしく聞きたいです。

おおた　中学受験の算数は、ぜんぜん得意じゃなかったんですけど、あの考え方が染みついているんです。**原体験として、中学受験のときに算数の伊藤先生が、「おまえらな、世の中の数学的な問題は、中学受験算数でほとんど解けるんだぞ」と言っていて、「あっ、そういうもんなんだ」と思って授業を受けていたから。**

安浪　いい先生ですね。小さいときの勉強の型って、

世の中の数学的な問題は
中学受験の算数で解ける

やはりすごく大事だと思う。

おおた　会社員をしていたときも、利益率を出すときや新しい広告商品の設計をするときも全部、算数で考えていました。2つの要素が絡まりあって損益分岐点が決まるなら、連立方程式というのか不等式というのか、数学的にはそういう計算をすれば早いんでしょうけれど、僕は地道に場合分けをしたりして、なんとか法則を見つけようとする。その過程で、実は別の変数要素が働いていることに気づいたりもする。

安　浪　ああ、それが本当の算数力ですよね。点数がとれる・とれないに関係なく、そういう力を獲得することが、算数の目指すところだと思いますよ。

今でも抜けない小学生のときの「思考の型」

おおた　テレビのクイズ番組でも、算数的に解いてしまうんです。数学的な1行問題が出ていて、それを菊川怜さんが解いていたんです。

安　浪　桜蔭から東大に進んだ菊川怜さん……。

おおた　そうです。彼女は、xとyの連立方程式を使ってパパッと解いたんだけど、僕はとっさにつるかめ算をした。連立方程式のほうが、あっという間に解けちゃうけれど、僕は具体的操作に頼る思考だから、数学が苦手だったんだろうな。

安　浪　第3章に「ポテンシャルの高い子」の話があったじゃないですか。おおたさんが会社員になっても仕事に算数を応用していたように、**そういう子は初めてつるかめ算の問題を見たとき、自分なりに考えて答えを出すんですよ。そういう子がポテンシャルの高い子。**

私、そういう子はしっかり待ちます。**「じゃあ、君独自の法則を見つけてよ」**と言って待つ。ほとんどの子は教えてあげないとできないけれど、「光る子」はそれができる。

おおた　僕、算数の公式でも「なぜこうなるのか」と自分で理解するまでは使いたくない子だったな……。円の面積の公式もちゃんと理屈で理解したし、旅人算の公式みたいなものも丸暗記はせずに毎回理屈で考えてた。

安　浪　算数、超得意じゃないですか！　おおたさん、ぜひカリスマ算数講師に！

おおた　いやいや（笑）。

■「入試結果なんてどうでもいい」と思えるほどの収穫

安　浪　中学受験は親子にとって大きな経験ですが、おおたさんの書かれていたことで、「もうこれに尽きる！」と思ったフレーズがありました。**「初めはいやいや塾に通い、宿**

題もろくにやらなかった子どもが、最後には目の色を変えて努力できるようになったのだとしたら……もう結果なんてどうでもいい」というところです。

おおた　その感覚を得ると、その視点を得ると、子育てがラクになりますよね。子どもに対する思いや願いを持っているのは親として当然だけれど、それを叶えることが子育ての目的ではない。親はそんな相反する気持ちを持っていますよね。

安　浪　入試が終わって1～2週間経った頃、親御さんからメールをもらうと、「あんなに勉強していたのが嘘みたいにテレビばかり見ています」とか「何も勉強していません」という愚痴が書かれているんです。

　塾のスパルタの先生たちは、学びを止めてはいけないと言うし、たしかに勉強は続けなきゃいけないけれど、「入試前はあんなにやったのに、今はこんなにやらない」と落差を悲しむのではなく、「入試前はこれだけやった」ともっと誇るべきだと思います。

おおた　そうですね。僕は、入試が終わってパーッと数カ月、何もしなくてもいいんじゃないの？　と思っているんですけどね、ほんとうは。

安　浪　うーん、それは現実的には難しいところです。私も20代の頃は入試の終わった教え子に「何もしなくていいよ。好きに遊びなさい」と言っていたんです。でもそうしたら、**恐ろしいことに1カ月くらいで全部、知識が抜ける子がいる。特に漢字や社会の固**

有名詞といった、知識系ですね。だから今は、せっかくためたお風呂のお湯の栓を抜いてザーザー流してしまうより、「塾は行かなくていいから、数学の代数くらいは先取りしておいてね」と簡単な問題集を2冊送っています。それでも、入試前と比べたら、10分の1以下の勉強量ですよ。

簡単な問題集2冊だけでいいから……

トップ校に合格！　なのに自己肯定感が低い子

安　浪　コロナ禍の家庭での教育虐待が心配だという話を第1章でしましたが、どの親も意図的に虐待しようと思ってしているわけじゃないですよね。「子どもの選択肢を広げてあげたい」という気持ちに偽りはない。それで「あなたのために」という言葉が出てくる。そんな話が第5章にありました。親にとっては救いになるだろうなと思います。

ただ一方で、教育虐待まがいの受験をして第1志望の学校に合格したことで、ある種の「成功体験」を得てしまった親に、おおたさんは警鐘を鳴らしていますね。

おおた　はい。そういう親が、受験が終わっても過干渉によって子どもを追いつめているケースが少なくないですから。**トップ校に通って成績優秀なのに、変な生き方をしてし**

まう人は、このパターンが多い。プライドは高いけれど、自己肯定感が低い人間になってしまうんです。

安　浪　たしかに、「私の言うとおりにしたら受かったでしょ」といつまでも言い続ける親もいますからね。

おおた　もしも第1志望に受からず、第2、第3志望の学校に行くことになったら、親も目から鱗が落ちる経験をしたはずなんです。どの学校でもたくましく生きている子どもを見て、「自分が敷いたレールの上を行かなくても大丈夫なんだ」と理解して、子どもに対する信頼が生まれる。しかし〝不幸〟にも、つねに第1志望に合格していると、「このレールを外れたら、この子どうなっちゃうの!?」という不安からいつまでも逃れられない。

安　浪　そのレールが正解だと思っている親がけっこういますよね。

レールを外れるのが怖いのは、実は親たち

おおた　親が子どもの学校を自慢ばかりしていると、子どもも子どもで、無意識のうちにたとえば「**僕は筑駒に入ったから親から大事に思ってもらえているんだ**」と思ってしまい、それ以外の自分の価値を見出すチャンスがなくなってしまう。自分から筑駒生のバッジをとったら、何が残るのかがわからない。それで、なおさら学校のブランド名にすがろうとします。

■「熱心すぎるお父さん」がもたらす不幸

安　浪　私のセミナーでも参加されるお父さんは年々増えてきていますが、**「熱心すぎるお父さん」が子どもを追いつめているケース**もありますよね。

おおた　そうなんです。ちなみに、僕が「イクメン」と書いたのは、ちょうどイクメンと言われ始めた時代のお父さんたちが中学受験の親になっていることで、枕詞的に使わせてもらった、と付け加えておきますね。

「熱心すぎるお父さん」がそうなってしまう理由は、きょうこ先生も書かれている、「ビジネス感覚を受験に持ち込む」ことにあります。ビジネスマン的な解決思考、成果主義的な考え方で子どもに向かってしまうからおかしくなる。

安　浪　これは、**共働き家庭のお母さんにも通じる話です。仕事と同じように、完璧にPDCAサイクルをまわそうとしても、子どもは予定通りにはいかないですからね。**

おおた　きょうこ先生が書かれていた、教え子Cちゃんのお母さんに対する言葉は印象的でした。Cちゃんが第1志望、第2志望の学校に落ちてしまったとき、「敗因分析」を頼むお母さんに対して、「Cちゃんは全力でがんばりました。あのときああすればよかった、という点は1つもありません」と言い切るところ。これをスパッと最後に言えるのはさすがだなと思いました。

言われたお母さんは本当に心が晴れると思うし、そういう先生を見つけられれば中学受験は「必笑」ですよ。こういう先生と出会えていれば、どんな結果になっても最後、胸を張って中学受験をしてよかったと言えるから。

安浪　そう言っていただいて、うれしいです。

おわりに――変わりつつある「中学受験」の常識

安浪京子

中学受験のさかんな地域に行くと、書店の「中学受験コーナー」にはズラリと本が並んでいます。本を出す以上は売れねばならないわけですから、タイトルは手に取ってもらえるよう、刺激的なワードがならんでいます。「大逆転」とか「最強」とか（笑）。

それ以外にも、ひと昔前のタイトルには「開成」「灘」といった最難関校の名がタイトルにならび、内容もどちらかというと「アスリートタイプ」の本が主流でした。

しかし、ここ10年ほどで中学受験本に書かれている内容は大きく様変わりしました。

私がプロ家庭教師を始めた頃は、中学受験といえば、まだまだ偏差値至上主義でした。しかし、実際に指導に入り、苦しんでいる子どもたちを目の当たりにするたびに「合格がすべて」という世界観に疑問を感じ、中学受験は「学力とメンタルが五分五分」「人生の通過点でしかない」と強く思うようになりました。当時は同業者から「何を甘いこと言ってるんだ」「不合格のいいわけだ」「有無を言わさず勉強させるんだよ」などとさんざん叩かれましたが、今は大手塾も指導者も「子どもを大切に」「中学受験は一通過点」と話すようになり、隔世の感があります。

そこには当然、親の価値観や子どもの質の変化が関係しています。10年前、勉強の息抜きは会話やおやつでしたが、今はすぐにスマホを取り出す子も少なくありません。

おおたとしまささんは教育ジャーナリストとして最前線で取材をし、多数の本を上梓されています。はじめてお会いしたのは「AERA with kids」の対談で、いろいろと鋭く突っ込まれるのではないかと最初は少し不安でしたが、とても温かいお人柄で意気投合しました。そんなおおたさんと一緒に、それぞれの立場から中学受験の「迷信」を1つひとつ検証してみる、というのがこの本のコンセプトです。

二人で一緒に迷信を検討すると、どうしても迎合してしまう点が出てきます。そのため、今回の本は、おおたさん、私がそれぞれの章を書き終えてから、初めてお互いの原稿に目を通すことになりました。

対談は、意見が相反するほうが議論が白熱します。どんな異なる意見が書かれているかと、ちょっとドキドキしながら読み進めていったのですが、担当しているテーマはちがうのにほとんど同じ内容を書いていたり、「ほんとにそう！」と深くうなずく部分がたくさんあって、驚くやらうれしいやらでした。

そういう意味では、二人のケンカがなくて残念ですが、かえって私たちが大切にしている考え方がより深く伝わったのでは、と思います。

教育観も時代に応じて変化する部分、しない部分があります。「どの部分が変化して、どの部分が変化しないの？」と不安になられる方も多いと思いますが、まずは第三者の客観的な視点を知り、それらをもとに「わが家でずっと大切にしたいもの」を改めて確認する、ということをくり返しやってほしいと思います。一人として同じ子ども、同じ親、同じ家庭はなく、家庭の教育軸は各家庭でしか構築できないからです。

中学受験は「志望校に向けて子どもが勉強する」だけの場ではありません。子どもも親も自分の内面と向かい合い、葛藤や衝突、喜びや涙といったさまざまな経験を得られる機会です。そしてその機会を、それぞれが「成長」するために活かせるならば、そして本書がその一助となれば、これほどうれしいことはありません。

最後になりましたが、今回このような機会を作ってくださいました編集者の藤沢陽子さん、ライターの門馬聖子さん、そして何よりおおたとしまささんに深く御礼申し上げます。

おおたさん、次は一緒に何をしましょうか！

著者プロフィール

おおたとしまさ

教育ジャーナリスト。1973年、東京都生まれ。麻布中学・高校卒業。東京外国語大学英米語学科中退、上智大学英語学科卒業。リクルートから独立後、数々の育児・教育媒体の企画・編集に関わる。教育現場を丹念に取材し斬新な切り口で考察する筆致に定評があり、執筆活動の傍ら、講演・メディア出演などにも幅広く活躍。中学・高校の英語の教員免許、小学校英語指導者資格をもち、私立小学校の英語の非常勤講師の経験もある。著書は60冊以上。

安浪京子（やすなみ・きょうこ）

株式会社アートオブエデュケーション代表取締役、算数教育家、中学受験専門カウンセラー。神戸大学を卒業後、関西、関東の中学受験専門大手進学塾にて算数講師を担当、生徒アンケートでは100%の支持率を誇る。プロ家庭教師歴約20年以上。きめ細かい算数指導とメンタルフォローをモットーに、毎年多数の合格者を輩出。中学受験、算数、メンタルサポートなどに関するセミナーや講演会を多数開催。算数力をつける独自のメソッドは多数の親子から支持を得ている。「きょうこ先生」として親しまれており、さまざまなメディアで悩みに答えている。著書に『最強の中学受験 「普通の子」が合格する絶対ルール』など多数。

中学受験の親たちへ
子どもの「最高」を引き出すルール

2020年9月5日　第1刷発行
2020年10月5日　第2刷発行

著者　おおたとしまさ　安浪京子《やすなみきょうこ》
発行者　佐藤　靖
発行所　大和《だいわ》書房
東京都文京区関口1-33-4
電話03-3203-4511

カバーデザイン　山之口正和（OKIKATA）
本文デザイン・図版　松好那名（matt's work）
撮影　佐藤克秋
編集協力　門馬聖子
編集　藤沢陽子（大和書房）

本文印刷　厚徳社
カバー印刷　歩プロセス
製本　ナショナル製本

ISBN 978-4-479-39350-4